Pferdewissen von A–Z

Gabriele Metz

Das Kosmos Reiterlexikon

Inhalt

Vorwort

Liebe Pferdefreundin, lieber Pferdefreund!

Das Kosmos Reiterlexikon nimmt dich mit auf eine abenteuerliche Reise durch die Welt der Pferde: Du bist dabei, wenn sich das Pferd der Morgenröte saftiges Laub schmecken lässt. Erlebe hautnah, wie aus fuchsgroßen Wesen richtige Reitpferde werden. Lerne alles über artgerechte Pferdehaltung und Ernährung. Finde heraus, welche Reitweise dich besonders fasziniert. Und staune über berühmte klassische Ausbilder und Pferdeflüsterer!

Spannende Reportagen runden die einzelnen Themen ab: Du erfährst, wie Mona zu ihrem wunderschönen Vollblutaraberhengst kam, warum Tina Sattlermeisterin wurde, weshalb Ingrid und Rolf mit ihren Pferden in kanadischen Wäldern wohnen und warum sich Mara am liebsten in den Westernsattel schwingt.

Dieses Lexikon ist anders: Zwar sind die Begriffe von A – Z sortiert, aber nicht so, wie du es von anderen alphabetisch angelegten Ratgebern kennst. A steht hier für „Als alles begann" und Z für „Zauberhaft". So kannst du in diesem Buch schmökern, wie es dir gefällt und nebenbei eine ganze Menge lernen. Achte auf das kleine Comic-Pferdchen mit der Brille: Es heißt Pferdinand und taucht überall dort auf, wo es besonders wichtige Tipps zu erfahren gibt!

Und solltest du einfach mal nur einen bestimmten Begriff nachschlagen wollen – zum Beispiel „Gogue", „Losgelassenheit" oder „Versatility Ranch Horse" – musst du nur das große Register am Ende des Lexikons aufschlagen. Dort sind alle Begriffe alphabetisch sortiert, aufgelistet und mit den Seitenzahlen versehen, auf denen du die Erklärung findest.

Und jetzt wünsche ich dir viel Spaß bei einer aufregenden Reise durch die Welt der Pferde!

Deine

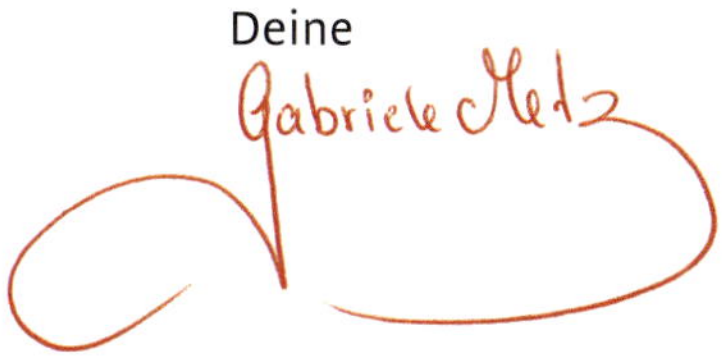

P.S.: Mara, die Westernreiterin mit dem bunten Schirm, trägt unter dem Cowboy-Hut einen speziellen Schutzhelm. Das solltest du auch machen, wenn du in den Westernsattel steigst.

Als alles begann

Die Geschichte des Pferdes

Etwa 60 Millionen Jahre sind vergangen, seitdem der erste Vorfahr des modernen Pferdes seine Zehen auf die Erde setzte. Das geschah vermutlich in Nordamerika, wo Hyracotherium verschiedene Entwicklungsstufen durchlief, bevor es zum Equus caballus wurde. Der hatte einiges vor. Im Laufe von einer Million Jahren perfektionierte sich sein Körper. Schnelligkeit und Futteraufnahme verbesserten sich. Außerdem wanderten die Urpferde über Landbrücken nach Asien, Europa und Afrika. Eine stramme Leistung.

■ Eohippus (Hyracotherium)

Millionen von Jahren dauerte es, bis Pferde so wurden, wie sie heute sind. Vor rund 60 Millionen Jahren gab es bereits frühe Vorfahren. Eohippus war gerade mal so groß wie ein Fuchs und hatte Zehen, keine Hufe. Obwohl es heute auch das „Pferd der Morgenröte" genannt wird, sah es unseren Reitpferden nun wirklich überhaupt nicht ähnlich.
Eohippus ist längst ausgestorben. Da aber einige Versteinerungen dieses Pferde-Vorfahren gefunden wurden, konnten Wissenschaftler sein Aussehen nachvollziehen. Und sie wissen auch, was Eohippus gefressen hat – kein Gras, sondern Laub! Das ist zumindest höchstwahrscheinlich.

Die Entwicklungsgeschichte des Pferdes lässt sich heute nur noch anhand von Modellen nachvollziehen.

■ Mesohippus und Miohippus

Der Übergang vom fuchsartigen Eohippus zum schneidigen Reitpferd verlief schleppend. Erst einmal bevölkerten zwei ungewöhnliche Gesellen die Erde: das Mesohippus und das Miohippus. Ihr Körper war etwas größer als der des Eohippus.

Das Pferdemuseum im Allwetterzoo Münster ermöglicht eine faszinierende Reise durch die Geschichte des Pferdes.

Aber die beiden hatten noch immer keine Hufe, sondern ebenfalls bewegliche Zehen.

■ Merychippus und Pliohippus

Auch Mesohippus und Miohippus entwickelten sich weiter. Aus ihnen entstand das Merychippus. Dieses sorgte wiederum für die Entstehung von weiteren Arten. Und eine dieser Arten, das Pliohippus, war entscheidend. Es entwickelte sich im Laufe von Millionen Jahren zum Equus caballus.

■ Equus caballus

Unsere heutigen Pferde gehören zur Gattung Equus caballus. Der Ursprung dieser Gattung liegt ungefähr eine Million Jahre zurück. Diese Zeit brauchte Equus caballus, um seinen Körper

zu perfektionieren. Sein Laufvermögen verbesserte sich und seine Zähne wurden zu idealen Graszerkleinerern.
In Nordamerika schmeckte das Gras offensichtlich am besten. Dort hat man die meisten Versteinerungen des Equus caballus gefunden. Von Nordamerika aus wanderten die Vorfahren der Pferde erst nach Asien, dann nach Afrika und Europa. Damals ging das noch ganz problemlos, denn die Kontinente waren miteinander verbunden. Warum es in Amerika vor einigen tausend Jahren plötzlich gar keine Pferde mehr gab, ist unbekannt. Im 16. Jahrhundert wurden sie von europäischen Siedlern erneut eingeführt.

Przewalski-Pferde

Zugegeben – moderne Pferde sehen überhaupt nicht mehr so aus wie ihre Vorfahren. Zwei Nachfahren des Equus Caballus fallen hier allerdings aus der Reihe: das Przewalski-Pferd und der Tarpan.
Vieles unterscheidet Przewalski-Pferde von anderen. So auch ihre Chromosomenzahl. Während andere Pferde 64 Chromosomen haben, weisen die Mongolischen Steppenpferde 66 auf. Da die Rasse in letzter Sekunde, dank gezielter Zucht-Programme in Zoos und Tierparks, vor dem Aussterben gerettet werden konnte, stehen nun wieder Auswilderungen auf dem Programm. Es gibt mehrere Projekte in der Mongolei und auch in Hortobágy, der ungarischen Steppe. Nach anfänglichen Auswilderungsproblemen scheinen verschiedene Projekte allmählich von Erfolg gekrönt zu sein. Auch im ursprünglichen Przewalski-Gebiet, der Mongolei, grasen endlich wieder robuste Pferde mit Stehmähnen.

Przewalski-Pferde sind direkte Nachfahren des Equus Caballus.

Tarpan

Tarpane blicken auf eine lange Geschichte zurück, die bis in die Eiszeit reicht. Schon in der Antike wurden Waldtarpane beschrieben, die damals die Wälder Europas bevölkerten.
Im frühen Mittelalter galten sie jedoch schon als fast ausgestorben – zumindest im westlichen Europa. In Nordost-Polen überlebten sie bis ins 18. Jahrhundert. Außerdem gab es noch die Steppentarpane, die vor allem in den Steppen nördlich des Schwarzen Meeres lebten.
Eigentlich sind sie seit mehr als 100 Jahren ausgestorben. Dass man heute doch noch einige lebende Exemplare bewundern kann, ist gezielten Rückzüchtungen zu verdanken. Hierzu verwendete man Hauspferde, die dem Tarpan möglichst ähnlich sahen. Die Rückzüchtungen entsprechen dem Vorbild des Ur-Tarpans, der sich nach der Eiszeit kaum veränderte.

Tarpane sind eigentlich ausgestorben. Nur dank gezielter Rückzüchtungen kannst du sie heute wieder bewundern.

Urtypen

Doch es muss noch etwas passiert sein. Schließlich sehen nicht alle Pferde gleich aus. Glaubte die Wissenschaft früher an einen gemeinsamen Vorfahr des modernen Pferdes, vermutet sie heute vier unterschiedliche Urtypen.
Typ 1 – Nordpony
Typ 2 – Tundrenpony
Typ 3 – Ramskopfpferd
Typ 4 – Steppenpferd
Offensichtlich entwickelten sich in heißeren Ländern eher zierliche und in kälteren Regionen eher kompaktere Pferde. Die meisten modernen Pferderassen sind Mischformen der vier Urtypen.

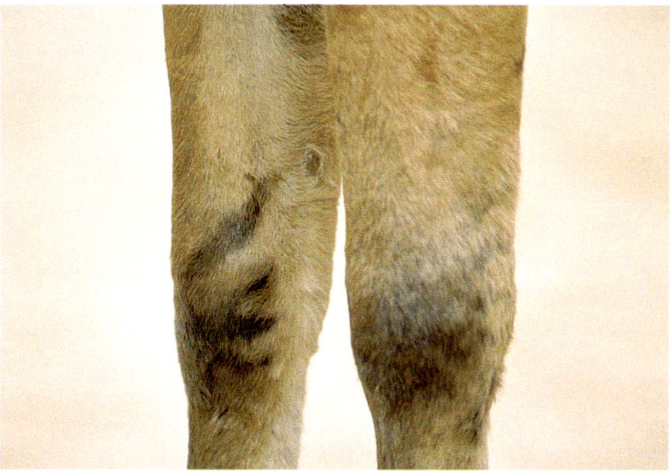

Sogenannte Zebrastreifen an Pferdebeinen sind ein Erbe aus der frühen Entwicklungsgeschichte des Pferdes.

Bunte Pferdewelt

Vom pfiffigen Pony bis zum mächtigen Koloss

Die Welt der Pferde ist kunterbunt. Es gibt Zwerge, Riesen, Fliegengewichte, Wuchtbrummen und „ganz normale" Pferde. Manche sind weiß, andere schwarz oder auch gescheckt. Es gibt Pferde, die besonders gut Dressurlektionen beherrschen, und welche, die locker über gewaltige Hürden springen. Andere ziehen ohne mit der Wimper zu zucken Kutschen oder sogar tonnenschwere Brauereiwagen. Vermutlich gibt es für jeden Reiter und Fahrer genau das passende Pferd. Man muss es nur finden. Temperament und Eignung lassen sich in vier große Gruppen unterteilen. Vielleicht kann diese Einteilung die Suche erleichtern. Und außerdem unterscheidet man zwischen Ponys und Großpferden.

Englische Vollblüter sind sensibel und unheimlich schnell. Deshalb sind sie oft als Rennpferde im Einsatz.

Vollblut

Temperament und Eleganz zeichnen Vollblüter aus. Mit der Blutmenge hat die Bezeichnung nichts zu tun. Meistens sind Vollblüter auch sehr sensibel. Diesem Ruf machen die beiden typischen Vollblutrassen, **Arabisches Vollblut** und **Englisches Vollblut**, alle Ehre. Trotz geblähter Nüstern und weit aufgerissener Augen lassen sich die leicht erregbaren Vierbeiner gut kontrollieren. Ansonsten wären sie in ihren Stammdisziplinen vermutlich auch nicht so erfolgreich.
Englische Vollblüter beherrschen weltweit das Renngeschehen. Auch arabische Vollblüter sind auf Rennbahnen keine Seltenheit. Allerdings sind sie auch in anderen Sparten stark vertreten: zum Beispiel im Distanzsport und im Schaubereich. Auch der **Anglo-Araber** gehört zu den Vollblütern. Diese Sportpferderasse ist aufgrund ihres Springvermögens bei Vielseitigkeitsreitern sehr beliebt.

Halbblut

Aus der Verpaarung von Vollblütern und Warmblütern entstehen Halbblüter. Oft werden auch Pferde so bezeichnet, die nicht eindeutig der Gruppe Vollblut oder Warmblut zugeordnet werden können. Bekannt und beliebt sind ungarische Halbblüter. Sie haben einen raumgreifenden Galopp und können meistens sehr gut springen. Aufgrund des Vollblutanteils sind sie sehr temperamentvoll und nicht unbedingt etwas für ungeübte Reiter. Halbblüter gelten als sehr menschenbezogen und bauen zu ihrem Besitzer oft eine enge Bindung auf.

Halbblüter sind Kreuzungen aus Voll- und Warmblütern. In Ungarn erfreuen sich Halbblüter großer Beliebtheit.

Warmblut

Warmblüter aus deutscher Zucht sind weltweit als Dressur- und Springpferde begehrt.

Mit der Bluttemperatur hat die Bezeichnung Warmblut nichts zu tun. Sie steht für überwiegend mittelschwere Pferde mit einem durchschnittlichen Temperament. Was heißt das? Auf jeden Fall, dass ein typisches Warmblut nicht zu Nervosität neigt, sondern durch ein freundliches, arbeitswilliges Wesen überzeugt. Dabei sollte ein Warmblut nicht träge sein. Warmblüter sind in deutschen Reitställen besonders oft zu sehen. Das liegt nicht zuletzt an ihrer Vielseitigkeit. Sie sind ganz vorne mit dabei, wenn es um Dressur, Springen und Fahrsport geht. Hannoveraner stehen auf der Beliebtheitsskala auf Platz Eins. Aber es gibt noch viele weitere ausgezeichnete Warmblutrassen. Zum Beispiel Trakehner, Westfalen, Holsteiner, Oldenburger, Rheinländer und Württemberger. Auch in anderen europäischen Ländern werden Warmblüter gezüchtet. So setzen Franzosen beispielsweise gerne auf die sportlichen Selle Français.

Kaltblut

Kaltblüter haben ein ruhiges Temperament und können schwere Lasten ziehen.

Ruhig Blut – Kaltblüter leiden nicht an Untertemperatur, sondern erfreuen ihre Liebhaber mit einem sehr ausgeglichenen Gemüt. Meistens jedenfalls, denn Kaltblüter können auch richtig hysterisch werden. Aber nur, wenn sie wirklich massiv gereizt werden. Kaltblüter sind schwere Pferde, die gerne als Zugtiere eingesetzt werden. Früher sah man sie oft in der Landwirtschaft. Aber auch heute gibt es noch Rückepferde, die schwere Baumstämme aus dem Wald ziehen. Andere ziehen Kutschen oder werden sogar geritten. Es gibt auch Kaltblüter, die anspruchsvolle Dressurlektionen beherrschen. Die schweren Jungs und Mädels haben viele Freunde.

Großpferd

Größere Reiter bevorzugen meistens Großpferde zum Reiten. Manche bleiben aber auch beim Pony.

Groß ist relativ, bei Pferden aber ganz klar abgegrenzt. Liegt ihr Stockmaß über 148 Zentimetern handelt es sich um Großpferde. Das Stockmaß wird mit einem Zollstock ermittelt, der den Abstand zwischen Boden und höchster Stelle des Widerrists misst. Manche vermessen ihre Pferde auch mit einem Band. Beim Bandmaß müssen jedoch einige Zentimeter abgezogen werden, um das offizielle Stockmaß zu ermitteln.

Pony

Alle Pferde unter 148 Zentimeter Stockmaß sind Ponys. Ohne Ausnahme, auch wenn die wuscheligen Ponys aus Island eigentlich Islandpferde heißen. Zur Gruppe der Ponys gehören winzige Zwerge wie Shetlandponys, mittelgroße Schönheiten wie Welsh B und C oder auch Haflinger. Und manche Ponys sind fast so groß wie ein waschechtes Großpferd. Dann ist von Endmaßponys die Rede. Sie können meistens ein Leben lang von normalgewichtigen Erwachsenen geritten werden. Bei kleineren Ponys erfolgt irgendwann der Umstieg vom Sattel in die Kutsche, wenn der Reiter größer und schwerer wird. Ponys haben eine hohe Lebenserwartung. Sie können weit über 30 Jahre alt werden. Manche erleben sogar ihren 50. Geburtstag. Das ist aber nur recht selten der Fall.

Ponys sind die idealen Partner für Kinder und Jugendliche.

Charmant, sportlich, edel

Pferderassen

Winzig klein oder riesengroß. Elegant oder kompakt. Es gibt viele verschiedene Pferderassen, und jede hat ihre ganz besonderen Merkmale. Manche Rassen sind bereits ausgestorben, zum Beispiel der Neapolitaner. Andere sind vom Aussterben bedroht, zum Beispiel das Mogodpony. Dafür entstehen aber auch immer wieder neue Rassen, wie zum Beispiel der Aegidienberger. Hier eine kleine Auswahl aus der kunterbunten Welt der Rassen.

Aegidienberger

Name: Aegidienberger
Ursprung: Deutschland
Stockmaß: 145 bis 155 cm
Farben: alle
Aegidienberger gehen auf eine Kreuzung aus Islandpferd und Paso Peruano zurück. Die mittelgroßen Pferde zeigen einen schönen Naturtölt.

Andalusier

Name: Pura Raza Española, Andalusier
Ursprung: Spanien
Stockmaß: circa 155 bis 162 cm
Farben: überwiegend Schimmel und Braune, seltener sind Rappen, Falben und Mausfalben.
Andalusier, deren offizielle Bezeichnung Pura Raza Española lautet, vereinen feuriges Temperament und Sanftheit.

Curly Horses

Name: Curly Horse
Ursprung: USA
Stockmaß: 140 bis 160 cm
Farben: alle
Gelocktes Fell ist das Markenzeichen dieser vielseitigen Freizeitpferde, die auch für Allergiker geeignet sind. Im Sommer ist das Fell allerdings weniger gelockt als im Winter.

Englisches Vollblut

Name: Englisches Vollblut
Ursprung: Großbritannien
Stockmaß: durchschnittlich 160 cm
Farben: Braun, Schwarzbraun, Rappen, Füchse, Isabellen, Schecken
Englische Vollblüter dominieren weltweit die berühmtesten Galopprennbahnen. Sie sind pfeilschnell und sensibel.

Fjordpferd

Name: Fjordpferd, Fjording, Norweger-Pony, Vestlandspferd
Ursprung: Norwegen
Stockmaß: Stuten 136 bis 142 cm, Hengste 138 bis 145 cm
Farben: Braunfalb, Rotfalb, Hellfalb, Gelbfalb, Graufalb, Weiß – alle mit Aalstrich
Robust, freundlich und vielseitig sind die mittelschweren Schönheiten aus dem hohen Norden. Fjordpferde sind tolle Freizeitpartner.

Friese

Name: Friese
Ursprung: Niederlande
Stockmaß: circa 155 bis 175 cm
Farben: Rappen
Die barocken Schönheiten werden auch „Schwarze Perlen“ genannt. Friesen machen unter dem Sattel und vor der Kutsche eine gute Figur.

Haflinger

Name: Haflinger
Ursprung: Italien
Stockmaß: 138 bis 148 cm
Farben: Füchse – vom hellen Licht- über den Gold- bis hin zum dunklen Kohlfuchs
Die hübschen Blondschöpfe sind hervorragende Kinder- und Jugendponys. Es gibt schwerere und leichtere Typen.

Hannoveraner

Name: Hannoveraner
Ursprung: Deutschland
Stockmaß: 148 bis 180 cm
Farben: Braune, Rappen, Füchse und Schimmel
Hannoveraner sind weltweit im großen Sport erfolgreich. Aber auch als Freizeitpferde erfreuen sich die beliebtesten deutschen Warmblüter einer großen Fangemeinde.

Islandpferd

Name: Islandpferd
Ursprung: Island
Stockmaß: 128 bis 143 cm
Farben: alle, außer Tigerschecken
Wuschelige Mähnen, ein superbequemer Gang und Robustheit machen Isis zu beliebten Freizeitpferden. Manche beherrschen auch den rasanten Rennpass.

Quarter Horse

Name: Quarter Horse
Ursprung: USA
Stockmaß: 145 bis 160 cm
Farben: alle (außer Schecken)
Quadratisch, praktisch, gut: Viele Westernreiter schwören auf die Qualitäten des Quarter Horse. Aufgrund ihrer Nervenstärke werden sie auch gerne von Freizeitreitern geritten.

Shetlandpony

Name: Shetlandpony, Shetty
Ursprung: Großbritannien
Stockmaß: maximal 110 cm, Mini-Shetty maximal 87 cm
Farben: alle
Klein, aber oho! Shettys sind gute Kinderreitponys, können aber einen ausgemachten Dickschädel entwickeln.

Tinker

Name: Tinker, Irish Tinker, Coloured Cob, Gypsie Cob
Ursprung: Großbritannien und Irland
Stockmaß: 135 bis 160 cm, Irish Cob 128 bis 170 cm
Farben: überwiegend Rapp-, Fuchs- und Braun-Schecken, auch dreifarbige Schecken
Früher zogen sie die Kutschen des fahrenden Volkes, heute erobern Tinker die Freizeitreiterställe. Ihre Stärken: gute Nerven und ein freundliches Wesen.

Vollblutaraber

Name: Vollblutaraber
Ursprung: arabische Halbinsel
Stockmaß: 148 bis 156 cm
Farben: Schimmel, Braune, Füchse und Rappen; keine Schecken
Vollblutaraber vereinen Adel, Exotik und Anmut. Als Distanzpferde und bei Flachrennen machen sie Furore. Aber auch Freizeitreiter schätzen die „Trinker der Lüfte".

Welsh Ponys

Name: Sektion A – Welsh Mountain Pony, Sektion B – Welsh Pony, Sektion C – Welsh Pony im Cob Typ, Sektion D – Welsh Cob
Ursprung: Großbritannien
Stockmaß: Sektion A bis 122 cm, Sektion B bis 135 cm, Sektion C bis 137 cm, Sektion D ab 137 cm, meistens zwischen 144 und 155 cm
Farben: Sektion A, B und C – viele Schimmel, aber auch andere (außer Schecken); Sektion D – überwiegend Dunkelbraune, Rappen, Braune, Füchse und Dunkelfüchse
Die knackigen Powerpakete aus Wales werden auch als „Rolls Royce unter den Robusten" bezeichnet. Dressur, Springen, Fahrsport und Freizeitreiten kommt den hübschen und temperamentvollen Walisern entgegen.

Die Qual der Wahl

So findest du dein Traumpferd

Es gibt hunderte von Pferderassen. Ständig kommen neue hinzu. Wer bei dieser Vielfalt den Überblick verliert, sollte sich genau überlegen, welche Ansprüche er an ein Pferd stellt: Dressurreiten, Springen, Vielseitigkeit, Jagd, Spanisch, Western, Fahrsport oder Freizeit? Denn wenn man mit einem festen Vorsatz loszieht, um einen wiehernden Freund für die nächsten 25 bis 30 Jahre zu finden, hat man es leichter.

Mächtig, mächtig! Shire Horses, die man in England noch immer vor tonnenschweren Brauereiwagen sieht, können eine Widerristhöhe von über zwei Metern erreichen. Wer sich auf den Rücken des größten Pferdes der Welt schwingen möchte, sollte schwindelfrei sein und sich nicht vor pizzatellergroßen Hufen fürchten. Als überaus gutmütig und meistens ruhig bekannt, können Shire Horses jedoch einen gehörigen Dickschädel aufweisen.

Gleich und gleich gesellt sich gern. Vielleicht legt der Reiter Wert auf Äußerlichkeiten. Ein Pferd im Partnerlook ist allemal ein „Hingucker“. Unsere Berlinerin hat mit diesem blauäugigen Pony das richtige Pendant zu ihren frechen blonden Zöpfen und strahlend blauen Augen gefunden. Ob das Pferd allerdings auch über die berühmt-berüchtigte Berliner Schnauze verfügt?

Du liebst Rüschenkostüme und hättest am liebsten im 16. oder 17. Jahrhundert gelebt? Dann könnte ein prächtiger Friesenhengst dein Herz höher schlagen lassen. Die barocken schwarzen Perlen sind der Star jedes historisch angehauchten Pferdefestes und außerdem noch vielseitig: Vor der Kutsche machen sie sich ebenso gut wie unter dem Sattel.

Heißer Wüstenwind, Couscous und Beduinen ziehen dich unwiderstehlich in den Bann? Du liebst die rassigen, nervösen Pferde, auf denen sich die Wüstensöhne präsentieren? Dann solltest du dich in der Berber- oder Vollblutaraberszene umsehen, um dort dein feuriges Traumross zu finden. Beide Rassen sind nicht nur ausgesprochen attraktiv, sondern auch zum Freizeit- oder Distanzreiten geeignet.

Was ein echter Naturfreak und Strickpullover-Fan ist, setzt auf Islandpferde oder Aegidienberger. Die kleinen, wuscheligen Ponys, die problemlos erwachsene Männer auf ihren Rücken tragen, bestechen nicht nur durch ihr niedliches Äußeres, sondern auch durch zusätzliche Gänge. Während „normale" Pferde Schritt, Trab und Galopp beherrschen, legen Isis im Tölt und Rennpass einen heißen Huf auf die Reitbahn. Auch zum Freizeit- und Wanderreiten eignen sich die Ponys aus dem Land aus Feuer und Eis.

Flamenco, Paella und spanische Pferde. Fans des Landes jenseits der Stierkampfgrenze sind mit der Pura Raza Española gut beraten. Heißblütig, schön und dressurbegabt kommen diese Pferde daher. Die klassische Reitweise lässt sich mit ihnen ebenso ausüben wie beeindruckendes Schaureiten und Fahrsport.

Cowboyhut, Jeans, Sporen und Stiefel gehören untrennbar zum Westernreiter. Wer sich in den Disziplinen Reining, Cutting, Western Pleasure, Working Cowhorse oder Halter vergnügen möchte, ist bestens mit einem Quarter oder Paint Horse beraten. Da Westernreiter viel Wert auf Bodenarbeit legen, sollte man so früh wie möglich mit diesem Training anfangen. Umso nervenstärker und leistungsbereiter ist später der Partner unter dem Sattel.

Warmblüter aus deutscher Zucht sind nach wie vor die erfolgreichsten Dressurpferde der Welt. Du träumst von Siegen auf Grand Prix-Niveau? Dann müssen deine Eltern sehr tief in die Tasche greifen und sich auf einer Eliteauktion umsehen. Weit über 100.000 Euro gehen leicht für ein hochbegabtes Dressurpferd über den Tisch.
Die Warmblutzucht bietet außerdem hervorragende Spring-, Vielseitigkeits- und Jagdpferde. Da nicht jeder von olympischen Ehren träumt, kann man bei einem Warmblutzüchter auch ausgezeichnete Pferde finden, die bezahlbar sind.

Tinker sind die idealen Freizeitgefährten für Menschen, die gerne in aller Ruhe ausreiten wollen. Man sitzt bequem auf ihrem breiten Rücken, der sich auch für das Reiten ohne Sattel anbietet. Ein ruhiges Gemüt und freundliches Wesen machen Tinker auch zu ausgezeichneten Anfänger- und Familienpferden.

Ponys – ganz gleich welcher Rasse – sind einfach tolle Kumpel. Sie sind klug, mutig und gewitzt. Sie sind nicht nur die idealen Einsteigerpferde für Kinder, sondern auch tolle Kutschpferde und können sogar Erwachsene tragen, wenn es sich um besonders kräftige Pferdchen oder Endmaßponys handelt. Ponys glänzen nicht nur im Dressurviereck, auf dem Springplatz und im Gelände, sondern zeichnen sich durch Robustheit aus. Sie sind nicht krankheitsanfällig, leichtfuttrig und belastbar. Da sie langlebig sind, kann man sein Leben mitunter bis zu 40 Jahren mit seinem Pony teilen.

Ein ganzes Pferdeleben lang

Das Alter des Pferdes erkennen

Alter ist relativ. Mancher 70-Jährige ist gesünder und fitter als ein 50-Jähriger. Manche Menschen werden 100, andere nur 60. Bei Pferden ist das ganz genauso. Ihre natürliche Lebenserwartung liegt zwar bei circa 30 Jahren, doch längst nicht alle werden so alt. Einige aber sogar älter. Für die unterschiedlichen Lebensphasen gibt es verschiedene Bezeichnungen.

Fohlen

Fohlen sollten im Mai oder Juni geboren werden, damit sie gleich hinaus auf die Weide können.

Was könnte es Niedlicheres geben als ein Fohlen, das auf staksigen Beinen eine Frühlingswiese erkundet? Durchschnittlich sechs Monate lang bezeichnet man den Pferdenachwuchs als Fohlen. Vom Moment der Geburt an bis zu dem Tag, an dem sich Mutterstute und Fohlen voneinander trennen müssen. Bis dahin genießt das Saugfohlen alle paar Stunden die süße Milch seiner Mutter. Die stärkt seine Abwehrkräfte und fördert die körperliche Entwicklung. Pferdekenner sind übrigens davon überzeugt, dass man in den ersten drei Lebenstagen eines Fohlens genau sehen kann, ob es einen guten Körperbau bekommen wird oder nicht.

Absetzer

Irgendwann kommt der Tag, an dem Schluss ist mit der Milchversorgung. Ab dann stehen Kraftfutter, Gras und Heu auf dem Ernährungsplan. Erfahrene Züchter trennen Mutterstute und Fohlen meistens im Alter von sechs Monaten. Das nennt man Absetzen.
Aus dem Saugfohlen wird ein Absetzer. Klar, dass das mit verzweifeltem Gewieher und Verunsicherung einhergeht. Das Absetzen ist aber ein wichtiger Schritt in die Selbständigkeit des kleinen Pferdes. Bei artgerechter Haltung – also dann, wenn der Absetzer mit anderen Gleichaltrigen aufwachsen darf – ist der Trennungsschmerz schnell überwunden.

Jährling

Jährlinge sehen manchmal etwas schlacksig aus. Das wächst sich aber aus – zumindest bei gut gebauten Pferden.

Absetzer wachsen schnell heran. Ab ihrem ersten Geburtstag werden sie als Jährlinge bezeichnet. Das ist ein schlacksiges Alter, in dem sogar zukünftige Stars manchmal aussehen wie Klepper. Entweder sind sie hinten zu hoch oder zu niedrig. Irgendwie passt der Kopf nicht zum Hals, und auch die Beine scheinen für einen anderen Körper entworfen worden zu sein. Keine Sorge: Das ist völlig normal. Durch diese Wachstumsphasen muss jedes Pferd durch. Zwischendurch gibt es immer wieder einmal ein paar Tage, an denen der spätere Körperbau gut zu erahnen ist. Aber diese Beurteilung sollte man Experten überlassen.

Youngster sollten gemeinsam mit Artgenossen aufwachsen.

Youngster

Früher war von Zwei- und Dreijährigen die Rede. Heute spricht man gerne von Youngstern. Das kommt aus dem Englischen und heißt so viel wie „Jungspund" oder „Halbstarker". Ein treffender Begriff für heranwachsende Pferde, die langsam an den Ernst des Lebens gewöhnt werden. Nachdem Halfter anlegen, Putzen und Hufe geben längst kein Problem mehr darstellen, geht es in diesem Alter allmählich an die Longe. Auch Bodenarbeit ist eine gute Vorbereitung auf das Dasein als Reit- oder Fahrpferd. Youngster müssen eine Menge lernen und halten ihren Ausbilder meistens ganz schön auf Trab. Sie testen gerne ihre Grenzen aus.

Erwachsenes Pferd

Ab dem dritten Lebensjahr gelten Pferde als erwachsen. Obwohl das eigentlich nicht verallgemeinert werden kann. Viele Rassen – zum Beispiel Islandpferde, Welsh Cobs oder auch Haflinger – sind absolute Spätentwickler. Und das sowohl körperlich als auch geistig. Manche Rassen schließen ihre körperliche Entwicklung erst im fortgeschrittenen Alter ab und sollten vorher auch schonend gefordert werden. Umso länger bereiten sie ihrem Reiter später Freude. Zu frühes, hartes Training kann dem Körper schaden und das Pferd sehr krank machen. Aus diesem Grund gibt es Bestrebungen, die Mindestaltersbegrenzung für den Turniersport anzuheben. Wenn nur erwachsene Pferde starten dürfen, kommen ehrgeizige Reiter gar nicht erst in Versuchung, Zweijährige zu überfordern.

Rentner/Senior

Ab wann ist ein Pferd alt? Manche sind es mit zwölf, andere mit 30. Das kommt ganz darauf an, wie es um ihre Gesundheit und körperliche Fitness steht. Hierbei spielen die Haltung, der Zeitpunkt des Anreitens, die tägliche Belastung und die Ernährung eine Rolle, aber auch die genetische Veranlagung. Kleine Pferde haben eine höhere Lebenserwartung als große. Aber auch ein 170 Zentimeter-Warmblut kann bei guter Haltung und Pflege über 30 Jahre alt werden.
Zum Alter gehören typische Veränderungen: das Haarwachstum nimmt zu, der Fellwechsel fällt schwer, die Gelenke werden steif, und Futter kann nicht mehr so gut verwertet werden wie in jungen Jahren. Innerhalb der Pferdeherde gehören erfahrene Senioren meistens längst nicht zum alten Eisen. Sie haben nicht selten ranghohe Positionen, die sie mit Hufen und Zähnen verteidigen. Eine altersgemäße Ernährung und Bewegung tragen dazu bei, den Pferdesenior länger fit zu halten.

Ältere Pferde brauchen täglich angemessene Bewegung, damit sich ihre Muskulatur nicht komplett abbaut.

Elegant? Nicht unbedingt!

Der Pferdekopf

Meistens ist es der Kopf eines Pferdes, der darüber entscheidet, ob es als schön oder als hässlich empfunden wird. Da ist von Ausdruck die Rede, von Adel und von Eleganz. Es geht um die Größe und Form der Augen und Nüstern, um das Profil, die Maulspalte und die Ganaschen. Im Gegensatz zu den anderen Kopfdetails entscheiden die Ganaschen sogar über die Qualität als Reitpferd.

Hechtkopf

Der elegante Kopf eines Vollblutarabers ist ein Paradebeispiel für einen Hechtkopf. Betrachtet man ihn von der Seite, ist deutlich zu sehen, dass die Profillinie zwischen Augen und Nüstern einen deutlichen Knick nach innen vollzieht. Die Linie verläuft also konkav, was den Kopf besonders elegant wirken lässt. Allerdings haben nicht alle Vollblutaraber Hechtköpfe. Es gibt auch viele mit relativ gerader Nasenlinie. Ihr Kopf verläuft eher keilförmig. Während es im Distanz- und Rennsport nicht auf einen extrem konkaven Kopf, sondern auf Leistung ankommt, sind auf Araberschauen extreme Hechtköpfe gefragt. Diese kommen ansonsten bei keiner anderen Rasse vor. In abgeschwächter Form allenfalls bei Rassen, die einem starken Arabereinfluss unterliegen.

Vollblutaraber haben einen eleganten Hechtkopf.

Die Ganaschenfreiheit ermöglicht eine schöne Aufrichtung.

Ganaschen

Ganaschen sind die hintere, halbrunde Begrenzung der beiden Unterkieferäste. Sie bilden den Übergang vom Kopf zum Hals. Umso weiter der Abstand dieser Unterkieferäste ist, desto mehr **Ganaschenfreiheit** hat ein Pferd. Es kann dann problemlos in einer schönen Aufrichtung gehen, die auch Beizäumung genannt wird. Hierbei ist sein Hals geschwungen, das Genick bildet den höchsten Punkt, und seine Nasenlinie verläuft senkrecht zum Boden. Wenig Ganaschenfreiheit sorgt für Druck auf die Ohrspeicheldrüsen und den Kehlgang, was eine optimale Aufrichtung erheblich erschwert. Fachleute nennen das **Ganaschenzwang**. Hiervon betroffen sind oft Ponys. Ihre kurzen, stämmigen Hälse ermöglichen keine große Ganaschenfreiheit. Aber es gibt auch Ausnahmen: zum Beispiel das Deutsche Reitpony.

Dieser Hannoveraner zeigt ein gerades Profil.

Gerader Kopf

Wenn die obere und die untere Profillinie zueinander parallel verlaufen, hat das Pferd einen geraden Kopf. Dies entspricht zurzeit dem gängigen Schönheitsideal deutscher Sportpferde. Die meisten Warmblüter, die in Dressurvierecken und auf Springplätzen Schleifen sammeln, haben gerade Köpfe. Ausgenommen vielleicht die Trakehner. Bei ihnen sind oft keilförmige Köpfe zu sehen. Das war vor dem Zweiten Weltkrieg innerhalb dieser Zucht sehr populär. Keilköpfe sind auch in der ungarischen Halbblutzucht stark verbreitet. Zum Beispiel beim Kisberer, dem klassischen Husarenpferd.

Nüstern

Die Nasenöffnungen des Pferdes werden als Nüstern bezeichnet. Sie sind die Eingangspforte zu einem fantastischen Geruchssinn. Bei manchen Pferden ist er so ausgeprägt, dass sie ihr Futter einfach stehen lassen, wenn es der Pferdepfleger versehentlich in der Schüssel eines anderen Pferdes angemischt hat. Auch die Wasserqualität wird mithilfe der Nüstern gecheckt. Stinkt da irgendetwas zum Himmel – auch wenn es für die menschliche Nase nicht wahrnehmbar ist – verschmäht das Pferd die kalte Erfrischung. Mit Nüstern wird im Sand und Schnee geschnobert. Sie helfen beim täglichen „Zeitungslesen“, dem Beschnuppern fremder Pferdeäpfel. Das ist eine wichtige Verhaltensweise, schließlich möchte das Pferd wissen, ob da Stute, Hengst oder Wallach Spuren hinterlassen hat. Nüstern lassen sich auch mitsamt Oberlippe hochziehen. Das nennt man Flehmen. Was lustig aussieht, ist eine gezielte Aktivierung des sogenannten Jakobsonschen Organs, das eine genaue Geruchsbestimmung ermöglicht. Und Camargue-Pferde beherrschen sogar ein besonders tolles Kunststück mit ihren Nüstern: Sie können die Öffnungen wasserdicht zusammenkneifen, während sie unter der Wasseroberfläche Pflanzen knabbern.

Pferde besitzen einen ausgezeichneten Geruchssinn.

Maulspalte

Die Maulspalte ist die Linie zwischen Ober- und Unterlippe des Pferdes. Sie kann lang und entspannt oder auch kurz und verkniffen sein. Pferdekenner können anhand der Maulspalte viele Rückschlüsse auf das Wesen eines Pferdes ziehen. So spricht eine lockere Maulspalte für ein freundliches Gemüt, während eine angespannte eher einen schwierigen Charakter vermuten lässt.

Ramskopf

Lipizzaner und Kladruber sind berühmt für ihre barocken Ramsköpfe. Dahinter verbirgt sich eine nach außen gewölbte Nasenlinie, die auch als konvexe Aufwölbung bezeichnet wird. Auch bei Andalusiern, Lusitanos und Berbern sind häufig Ramsköpfe zu sehen. Unter Barockreitern sind ramsköpfige Pferde sehr beliebt. Vom 16. bis 18. Jahrhundert brachten die inzwischen ausgestorbenen Neapolitaner das konvexe Profil in viele europäische Zuchten.

Ramsnasige Pferde haben eine markante Nasenlinie.

Exterieur

Der Körperbau des Pferdes

Der Körperbau eines Pferdes wird auch als Exterieur bezeichnet. Er bildet den Gegenpol zum Interieur, den inneren Qualitäten. Hierbei geht es um die Größe des Pferdes, die an der höchsten Stelle des Widerrists ermittelt wird. Aber auch um die Länge des Rückens, die Form der Kruppe, die Position des Schulterblattes und vieles mehr. Was Laien einfach in „schön“ oder „hässlich“ unterteilen, birgt für Fachleute viele weitere Kriterien.
Der Körperbau umfasst Aspekte, die nicht zuletzt den Wert eines Pferdes ausmachen. Ist das Exterieur makellos, das heißt, dem jeweiligen Rassestandard entsprechend, freut sich jeder Züchter. Aber auch Pferde, die keine Papiere haben, weil sie vielleicht von Eltern unterschiedlicher Rassen abstammen, können einen guten oder schlechten Körperbau aufweisen.

Vorhand

Alles, was vor der Zügelhand des Reiters ist, wird als Vorhand des Pferdes bezeichnet. Hierzu gehören: Kopf, Hals, Vordergliedmaßen, Schulter und Widerrist. Eine ausgeprägte Vorhand gilt als ideal. Denn wenn vor der Reiterhand viel ist, lässt sich das Pferd meistens besonders bequem sitzen. Und es macht ausgesprochen viel her. Ein ausdrucksvoller Kopf, ein elegant geschwungener Hals, eine schräge Schulter und ein ausgeprägter Widerrist sind die Zutaten für eine perfekte Vorhand.

Kopf, Hals, Vorderbeine, Schultern und Widerrist gehören zur Vorhand.

Mittelhand

Mittelhand bezeichnet die Rumpfpartie des Pferdes, obwohl dies viele Fachleute eigentlich für Unsinn halten. Für die meisten Reiter gehört alles, was sich hinter der Zügelhand befindet, zur Hinterhand. Anatomisch gesehen gibt es jedoch schon eine Daseinsberechtigung für die Mittelhand. Sie bildet die Brücke zwischen Vor- und Hinterhand. Dabei nimmt sie für die Eignung als Reitpferd sogar eine zentrale Rolle ein.
Die Qualität des Rückens entscheidet über die Leistungsfähigkeit und den Sitzkomfort. Ist der Rücken fehlerhaft, kann das viele Probleme nach sich ziehen: Stolpern, Lahmen, Buckeln, Schwierigkeiten mit der Aufrichtung und vieles mehr. Ein mittellanger, geschwungener Rücken ist optimal. Kurze Rücken sind meistens schwer zu sitzen, weil sie nicht gut schwingen. Zu lange Rücken sind zwar bequem, neigen aber zu frühzeitigem Verschleiß. Und sie wirken sich nachteilig auf die Optik aus. Lange Rücken hängen schnell wie Hängebrücken durch – besonders bei Zuchtstuten und älteren Pferden.

Kruppe und Hinterhand

Die Hinterhand wird auch gerne als Kraftzentrum des Pferdes bezeichnet. Üppige Muskeln, massive Knochen und gut ge-

Die Kruppe des Pferdes ist ein Kraftzentrum.

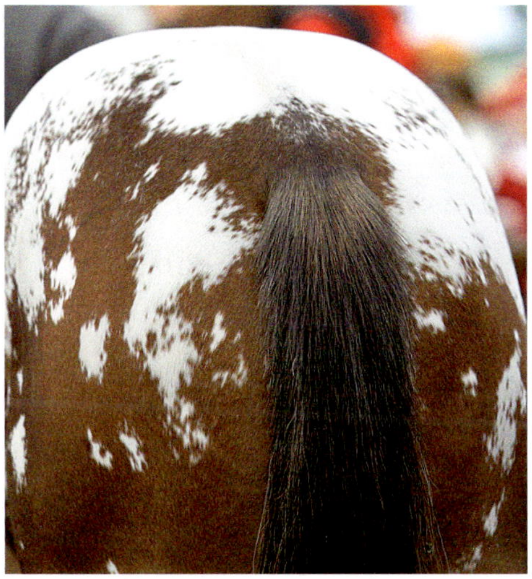

winkelte Gelenke sind erwünscht. In der Kruppe, dem Allerwertesten des Pferdes, steckt eine Menge Energie, zumindest dann, wenn die Kruppe schön rund und muskulös ist. Die meisten Rassen haben eine lange, breite Kruppe, die mäßig abfällt. Bei Pferden, die vor allem als Zugtiere eingesetzt werden, herrschen steil abfallende Kruppen mit tiefem Schweifansatz vor. Zur Hinterhand gehören aber auch Becken, Hintergliedmaßen und der Schweif. Selbst an den Schweif werden Ansprüche gestellt: Er sollte locker getragen werden und in der Bewegung leicht pendeln. Wird der Schweif eingeklemmt oder schlägt er unwirsch hin und her, spricht das für Verspannungsprobleme des Pferdes. Ein schlaff herunterhängender Schweif signalisiert Kraftlosigkeit.

Fundament

Das schönste Haus könnte nicht ohne Fundament stehen, und genauso geht es auch Pferden. Ihre Beine bilden das Fundament, und sie müssen eine Menge aushalten. Nicht nur, dass bereits das Eigengewicht mitunter beachtlich ist ... schließlich muss auch noch das Gewicht des Sattels und des Reiters abgefangen werden. Beim Springen wirken noch heftigere Belastungen auf die Pferdebeine ein.
Ideal ist es, wenn Pferde auf geraden, korrekten Beinen stehen. Allerdings gibt es auch vielfältige Fehlstellungen – bei manchen Rassen sogar gehäuft. Diese müssen zwar nicht zu frühzeitigem Verschleiß von Sehnen und Gelenken führen, sollten aber nicht so stark ausgeprägt sein, dass sie die Leistungsfähigkeit beeinträchtigen.
Die Fesseln des Pferdes zeigen im Idealfall eine 45-Grad-Winkelung zum Boden. Ist dieser Winkel kleiner und geht mit langen Fesseln einher, ist das Pferd bequemer zu sitzen. Kurze, steile Fesseln sorgen für starke Erschütterungen der Gelenke und des Reiters.

Das Exterieur eines Pferdes entscheidet über seine Qualität.

Feuerwerk der Farben

Vom Schimmel bis zum Rappen

Wenn es um Farbvielfalt geht, laufen Pferde vielen anderen Säugetieren den Rang ab. Es gibt Füchse, Braune, Rappen und Schimmel in den unterschiedlichsten Schattierungen. Außerdem Schecken, Tigerschecken und Albinos. Bei manchen Rassen ist die Farbe sogar ein unverkennbares Merkmal. Zum Beispiel bei Friesen, den schwarzen Perlen, oder Haflingern, den netten Blondschöpfen. Fast jeder Reiter hat wahrscheinlich eine Lieblingsfarbe.

Schimmel

Schimmel waren seit jeher sehr beliebt und sind in der Regel dunkel, wenn sie zur Welt kommen. Erst im Laufe der Jahre werden sie ganz weiß – oft erst mit Vollendung des zehnten Lebensjahres. Die Schimmelfarbe hat einen dominanten Erbgang. Verpaart man reinerbige Schimmel mit ebensolchen Braunen, Rappen oder Füchsen, ist die Nachzucht ebenfalls weiß. Bei reinerbigen Schimmeln müssen beide Elterntiere Schimmel sein. Ihre Nachkommen sind immer weiß, auch wenn der Zuchtpartner andersfarbig ist. Bei nicht reinerbigen Schimmeln gibt es immer wieder auch andersfarbige Fohlen.

Fuchs

Füchsen fehlt das schwarze Pigment, deshalb sind ihre Mähnen und Schweife fuchsfarben und nicht wie bei Braunen schwarz. Auch ihre Anhängerschaft ist groß. Verpaart man Füchse untereinander, entstehen neue Füchse. Da der Erbgang rezessiv verläuft, wartet man bei Verpaarungen mit reinerbigen Rappen oder Braunen vergeblich auf fuchsfarbenen Nachwuchs. Sind die Zuchtpartner nicht reinerbig, besteht eine Fifty-fifty-Chance.

Rappe

Ein lackschwarzes Pferd ist für viele der Traum schlechthin. Um dieses Ziel zu erreichen, verpaart man am besten zwei reinerbige Rappen miteinander. Denn dann ist sicher, dass auch wieder ein Rappe entsteht. Bei einer Verpaarung mit Braunen stehen die Karten schlecht. Schwarz vererbt sich rezessiv und zieht folglich den Kürzeren. Das Ergebnis sind Braune oder Dunkelbraune.

Albino

Weniger häufig als die genannten Grundfarben sind Albinos. Nicht nur ihr Fell ist hell, sondern auch ihre Haut. Sie zeigt ein zartes Rosé, und die hellblauen Augen passen einfach exakt dazu. Liebhaber dieser nicht unumstrittenen Farbvariante gab es schon immer. Allerdings haben sich Albinos nie wirklich durchgesetzt, weil die Fohlensterblichkeit recht hoch war und die Farbe auch bei erwachsenen Tieren zulasten der Vitalität ging. Albinoeinschläge gibt es auch bei gescheckten Pferden.

Brauner

Braune erkennt man nicht nur an ihrer von hellbraun bis schwarzbraun reichenden Fellfarbe, sondern auch an ihrem stets schwarzen Langhaar. Neben Füchsen sind sie die am stärksten verbreitete Farbvariante der Reitpferdezucht. Bei der Verpaarung reinerbiger Brauner mit reinerbigen Füchsen oder Rappen entstehen immer braune Fohlen.

Schecke

In den letzten Jahren sind Schecken erneut in Mode gekommen. Auch in der Vergangenheit gab es bereits glühende Verehrer dieser Farbvariante. Napoleon Bonaparte, der Kaiser von Frankreich, war einer von ihnen. Er ließ auf seinen Raubzügen alle Schecken beschlagnahmen. Es gibt viele verschiedene Scheckvarianten, von großen einzelnen Flecken auf hellem Deckhaar bis hin zu vielen kleinen. Schecken sind immer zwei-, manchmal auch dreifarbig.

Flocke oder Stern?

Abzeichen am Kopf

Abzeichen machen Pferde unverwechselbar. Das gilt sowohl für weiße Abzeichen am Kopf als auch für Abzeichen an den Beinen. Deshalb werden sie auch genau in den Equidenpass eingetragen. Mit ihrer Hilfe lassen sich Pferde exakt identifizieren. Manche Pferde haben Abzeichen am Bauch. Auch diese werden natürlich im Pass vermerkt. Alle Abzeichen sind von Geburt an vorhanden und verändern sich im Laufe des Pferdelebens nicht mehr. Die Haut unter den Abzeichen ist immer rosafarben. Im Kopfbereich gibt es über 20 verschiedene Abzeichen, die sich in fünf Gruppen einteilen lassen.

Eine Blesse zieht sich von der Stirn des Pferdes bis zu seinem Maulbereich.

Blesse

Eine Blesse kann eng oder breit, regelmäßig oder unregelmäßig, gebrochen oder durchgängig sein. Auf jeden Fall handelt es sich hierbei um ein weißes Kopfabzeichen, das sich von der Stirn des Pferdes bis zum Maul zieht. Experten unterscheiden oben verbreiterte Schnurblessen, oben am Rand stichelhaarige, fast durchgehende schmale Blessen, oben unregelmäßige, unten gefleckte durchgehende Blessen und viele weitere Details. Dabei wird auf die genaue Form und Verteilung geachtet.

Laterne

Ein besonders breites weißes Abzeichen, das Stirn, Augen, Nüstern und Bereiche des Mauls ziert, nennt man Laterne. Die Hautpigmentierung des Mauls ist hierbei schwach ausgeprägt und deshalb rosafarben. Eine Laterne bringt oft ein sogenann-

Eine Laterne erstreckt sich fast über das gesamte Pferdegesicht.

tes Fisch- oder Glasauge mit sich. Solche Augen sind blau und von rosafarbener Haut umgeben. Die schwache Pigmentierung kann eine erhöhte Anfälligkeit für Sonnenbrand mit sich bringen. Dagegen hilft im Sommer eine Fliegenmaske.

Schnippe

Ein kleines, freches Abzeichen auf der Oberlippe heißt Schnippe. Es kann unterschiedlich groß sein und ist immer ein Unikat. Deshalb wird die exakte Form der Schnippe im Equidenpass genau beschrieben. Zum Beispiel, ob sie sich bis in eine oder beide Nüstern ausdehnt und wie hoch sie ausläuft. Schnippen kommen auch zusammen mit anderen Abzeichen wie Stern und Strich vor. Manchmal ist auch die ganze Oberlippe weiß.

Stern

Ein weißer Fleck im Stirnbereich wird Stern genannt. Er kann mal kleiner, mal größer sein und ist besonders schön, wenn er recht mittig liegt. Es gibt unterbrochene, längliche und halbmondförmige Sterne, außerdem am Rande schattierte, große Sterne und große, lange Keilsterne. Ist das Abzeichen extrem klein, heißt es nicht Stern, sondern Flocke. Und wenn nur ein paar einzelne Haare in der Mitte der Stirn weiß sind, spricht man von Stirnhaaren.

Sterne können unterschiedliche Formen haben.

Strich

Ein Strich ist eigentlich eine besonders schmale Blesse. Auch er zieht sich von der Stirn bis zum Maul des Pferdes. Ein Strich lässt den Pferdekopf schmaler erscheinen als eine breite Blesse oder eine Laterne.

Ein weißer Fleck auf der Stirn des Pferdes wird Stern genannt.

Ein Strich ist eine extrem schmale Blesse.

Gefesselt oder gestiefelt?

Abzeichen an den Beinen

Jedes Pferd ist einzigartig. Dazu tragen auch Abzeichen an den Beinen bei. Sie sind genetisch veranlagt und bereits von Geburt an vorhanden. Form und Ausdehnung dieser Abzeichen verändern sich nicht mehr. Deshalb können sie auch gleich in den Equidenpass des Pferdes eingetragen werden. Für alle Abzeichen gibt es spezielle Bezeichnungen. Die richten sich nach der Größe des Abzeichens, angefangen vom kaum sichtbaren weißen Kronrand bis hin zum unübersehbaren Kniestrumpf. Die Haut des Pferdes ist unter Abzeichen immer rosafarben. Das kann zu einer erhöhten Anfälligkeit gegenüber Mauke, Fesselekzemen und anderen Erkrankungen führen.

Dieser Welsh Cob-Wallach hat eine weiße Fessel.

Weißer Kronrand

Ein schmaler, weißer Fellrand über dem Hufansatz des Pferdes wird weißer Kronrand genannt. Er ist meistens zwischen einem und drei Zentimetern breit. Manchmal zieren ihn winzige braune oder schwarze Flecken.
Es kann auch vorkommen, dass nicht der ganze Kronrand, sondern nur ein Teil des Ballens weiß ist. Solche Abzeichen dürfen nicht als weißer Kronrand bezeichnet werden. Sie werden mit „Vorderballen weiß“ in den Pass eingetragen. Manchmal ist auch nur der vordere Kronenbereich weiß. Das bezeichnet man als „Vorderkorne weiß“, wobei stets mit angegeben wird, ob es sich um das linke oder das rechte Bein handelt. Auch einzelne Flecken im Bereich des Kronrands werden genau dokumentiert.

Weiße Fessel

Erstreckt sich das weiße Abzeichen vom Kronrand bis zur Fessel, heißt das: weiße Fessel. Pferde können an allen vier Beinen weiß gefesselt sein. Oft zeigen aber auch nur einzelne Beine dieses Abzeichen. Dann gilt es, jedes einzelne Abzeichen möglichst genau einzugrenzen. Zum einen ist es wichtig, ob das Abzeichen an der Hinter- oder Vorderfessel ist. Unregelmäßigkeiten und Flecken werden genau beschrieben. Kleine

Flecken, die im Bereich des Fessel- beziehungsweise Kötenbehangs sind, heißen Kötenfleck.

Socke

Weiße Abzeichen, die vom Kronrand aus bis über das Fesselgelenk reichen, nennt man Socke. Das ist leicht zu merken, denn Pferde mit diesem Abzeichen sehen tatsächlich so aus, als hätten sie sich ein weißes Söckchen übergezogen. Eine echte Socke darf an den Vorderbeinen nicht über das Vorderfußwurzelgelenk und an den Hinterbeinen nicht über das Sprunggelenk reichen.

Dieser Hannoveraner-Hengst hat an allen vier Beinen wunderschöne Socken.

Socken dürfen weder an den Vorder- noch an den Hinterbeinen über das Vorderfußwurzel- beziehungsweise Sprunggelenk gehen.

Kniestrumpf

Zieht sich ein Abzeichen vom Kronrand bis über das Vorderfußwurzelgelenk (Vorderbein) oder das Sprunggelenk (Hinterbein), wird es als Kniestrumpf bezeichnet. Auch das hat einen hohen Wiedererkennungswert, weil man sich den Unterschied zwischen der Höhe einer Socke und eines Kniestrumpfes sehr gut vorstellen kann.

Grundgangarten

Schritt, Trab, Galopp

Schritt, Trab und Galopp sind die drei Grundgangarten des Pferdes. Im Schritt können sich Pferde praktisch den ganzen Tag lang fortbewegen, ohne nennenswert zu ermüden. Trab und Galopp kosten mehr Kraft und dienen daher eher einer kurzfristigen, schnellen Fortbewegung. Im Reitsport nehmen die schnellen Gangarten einen wichtigen Platz ein. So geht es im Trabsport um einen möglichst schnellen Trab, im Galoppsport um einen möglichst schnellen Galopp. Und auch Dressurlektionen, Vielseitigkeits- und Jagdreiterei, Western- und Barockreiten, Distanzsport und viele andere Disziplinen wären ohne ein Zusammenspiel aller drei Grundgangarten gar nicht möglich.

Schritt

1, 2, 3, 4 – Schritt ist eine Viertaktgangart, bei der das Pferd immer mindestens zwei Beine auf dem Boden hat. Hierbei gibt es keine Schwebephase. Die kann nämlich nur dann entstehen, wenn kurzfristig alle vier Hufe vom Boden gelöst sind. Ob der Takt stimmt oder aber von unerwünschten Rhythmusstörungen beeinträchtigt wird, kann man gut auf hartem Asphalt überprüfen: Einfach die Augen schließen und genau hinhören, ob das Abfußen der vier Beine taktrein verläuft. Verspannungen, ein schlechter Trainingszustand, mangelndes Gleichgewicht, ein unausbalancierter Reiter und viele andere Faktoren können dem Rhythmus ganz schön zusetzen.

Schritt ist eine Viertaktgangart.

Schritt ist eine wichtige Gangart, die von vielen Ausbildern sogar als die schwierigste bezeichnet wird. Oft ist der Schritt nicht taktrein oder lässt den gewünschten Raumgriff vermissen. Dressurpferde müssen einen hervorragenden Schritt zeigen, ansonsten haben sie auf dem internationalen Turnierparkett keine Chance. In anderen Disziplinen, wie zum Beispiel dem Trab- oder Rennsport, spielt Schritt kaum eine Rolle. Außer zum Warm- oder Trockenreiten.
Da es im Schritt keine Schwebephase gibt, spricht man nicht von schwungvollem, sondern von fleißigem Schritt. Ob genügend Raumgriff da ist, lässt sich mit einem einfachen Trick auf weichem Reitplatzboden überprüfen. Die Hinterhufe sollten mindestens eine – besser noch zwei – Huflängen vor dem Abdruck des Vorderhufes auffußen.
Die durchschnittliche Schrittlänge eines Pferdes beträgt 1,30 bis 1,80 Meter. Die Durchschnittsgeschwindigkeit im Schritt liegt zwischen sechs und sieben Stundenkilometern.

Trab

1, 2 – Trab ist eine Zweitaktgangart, bei der das diagonale Beinpaar gleichzeitig auffußt. Also jeweils das linke Vorderbein und das rechte Hinterbein oder das rechte Vorderbein und das linke Hinterbein. Zwischen jedem Abfußen gibt es eine Schwebephase. Umso höher die Aktion der Vorderbeine ist und umso energischer die Hinterbeine abfußen, desto eindrucksvoller wirkt der Trab. Hier ist ganz zu Recht von Schwung die Rede. Und der kann ganz enorm sein. Allerdings sollte man sich vom Trab auch nicht blenden lassen. Eine beeindruckende Knieaktion ist längst nicht alles. Kenner achten vor allem auf die Hinterhandaktion und wissen, dass sich die Trableistung durch eine gute Ausbildung noch enorm fördern lässt.
Ein effektvoller Trab hat allerdings auch Nachteile. Er ist nicht gut zu sitzen und außerdem fördert er den Verschleiß von Sehnen und Gelenken. Eher durchschnittliche, elastische Bewegungen sind deshalb kein Makel, sondern vielmehr ein Vorteil.
Die durchschnittliche Trittlänge beim Trab liegt zwischen 2 und 2,30 Meter. Es werden Geschwindigkeiten zwischen 14 und 18 Stundenkilometern erreicht.

Ein schwungvoller Trab zeichnet gute Pferde aus.

Galopp

1, 2, 3 – ein rhythmischer Dreitakt bestimmt den Galopp des Pferdes. Erst ist ein Bein am Boden, dann folgen gemeinsam das zweite und das dritte, zuletzt das vierte Bein. Den Abschluss bildet die Schwebephase. Man unterscheidet Rechts- und Linksgalopp. Der Unterschied ist leicht zu sehen. Beim Rechtsgalopp greift das rechte Vorderbein weiter vor als das linke. Beim Linksgalopp verhält sich das umgekehrt. Pferde können auch Kreuzgalopp gehen. Dabei bewegen sich die Vorderbeine im Links- und die Hinterbeine im Rechtsgalopp oder eben umgekehrt. Kreuzgalopp ist unerwünscht und kann auf mangelnde Balance oder Rückenprobleme hinweisen.
Galopp ist die schnellste Gangart des Pferdes, die sich bis zum Renngalopp steigern kann. Rennpferde erreichen bis zu 70 Stundenkilometer. Bei dieser hohen Geschwindigkeit wird aus dem Dreitakt ein Viertakt. Die Länge eines durchschnittlichen Galoppsprungs beträgt zwischen 3,50 und 8 Meter.

Galopp ist die schnellste Gangart des Pferdes.

Gut zu sitzen

Spezielle Gangarten

Manche Pferde beherrschen noch andere Gangarten als Schritt, Trab und Galopp. Solche Pferde nennt man Gangpferde. Sie sind in den letzten Jahren immer beliebter geworden. Das liegt zum einen sicherlich daran, dass Gangpferde ausgesprochen bequem zu sitzen sind. Zum anderen machen ihre speziellen Gangarten eine Menge her. Die populärsten Gangpferde sind Islandpferde. Sie tölten und glänzen auch im Rennpass. Eine relativ junge Gangpferderasse sind die Aegidienberger – ursprünglich eine Kreuzung aus Paso Peruano und Islandpferd. Außerdem gibt es töltende Traber, American Saddlebreds, Paso Finos, Mangalarga Marchadores, Tennessee Walker und einige weitere Rassen mit Spezialgang.

Classic Fino/Paso Corto/ Paso Largo/ Paso Llano

Das Tölten beherrschen Paso Finos von Geburt an. Die drei unterschiedlichen Tempi (Geschwindigkeiten), in denen der Tölt präsentiert wird, bedürfen jedoch einer guten Ausbildung. Angefangen mit dem Classic Fino, einer Viertaktgangart, bei der das Pferd mit größtmöglicher Versammlung und kleinstmöglichem Raumgriff präsentiert wird. Im Gelände bewegen sich Paso Fino-Reiter am liebsten im Paso Corto vorwärts. Diese Gangart entspricht vom Tempo her dem Arbeitstrab. Paso Largo ist die schnellste Töltvariante des Paso Finos. Die genetisch veranlagten Viertaktgangarten des Paso Peruanos heißen Paso Llano und Sobreandando. Paso Llano ist eine klare Viertaktgangart, der Sobreandando ein Tölt mit einer Verschiebung des Taktes in Richtung Pass.

Gangpferde wie der Paso Peruano sind besonders bequem zu sitzen.

Marcha

Marcha bezeichnet die langsame bis mittelschnelle Viertaktgangart der Mangalarga Marchadores, einer brasilianischen Gangpferderasse.

Pass/Rennpass

Beim Passgang bewegen sich jeweils das rechte Vorderbein und das rechte Hinterbein oder das linke Vorderbein und das linke Hinterbein gleichzeitig nach vorne. Dieser Bewegungsablauf lässt sich bis zu einem rasanten Tempo, dem Rennpass, steigern. Manche Islandpferde sind echte Cracks in dieser Disziplin. Sie schleudern die kurzen Beine, was das Zeug hält und sind dabei atemberaubend schnell. Es gibt spezielle Meisterschaften, bei denen die besten Passgänger gegeneinander antreten.
Langsamer Rennpass ist zwar schonender für die Beine des Pferdes, aber unerwünscht, weil er oft aus Verspannungen heraus entsteht. Insider nennen diese schaukelnde Gangart schmunzelnd Schweinepass. Dann schon lieber richtigen

Manche Isländer beherrschen den rasanten Rennpass.

Rennpass reiten, aber ohne das Pferd dabei zu überfordern. Passgang lässt sich manchmal auch bei alten Pferden beobachten, weil sie oft steife Gelenke und Rückenprobleme haben und sich so bequemer bewegen können.

Slow Gait/Rack

Slow Gait und Rack sind typische Gangarten des American Saddlebreds, wobei Slow Gait ein langsamer Tölt und Rack ein schneller Tölt ist.

Spezielle Gangarten müssen mit den Pferden regelmäßig trainiert werden, damit sie taktrein bleiben.

Auch Aegidienberger können hervorragend tölten.

Tölt

Die Fußfolge beim Tölt ist mit der Grundgangart Schritt zu vergleichen. Allerdings erfolgt das Abfußen sehr viel schneller hintereinander. Der Ursprung des Tölts könnte vielleicht einen ganz natürlichen Hintergrund haben. Einige Fachleute vermuten, dass er von Pferden entwickelt wurde, die in besonders schwierigem Gelände lebten. Um nicht einzusacken oder sich zu verletzen, setzten sie ihre Hufe ganz kurz in einem speziellen Rhythmus auf, um sie anschließend gleich wieder senkrecht vom Boden zu lösen. Diese Technik verleiht eine hohe Trittsicherheit und verhindert das Einsinken in weichen Boden.

Beim Tölt bestimmt die Geschwindigkeit den Sitzkomfort des Reiters. Am bequemsten ist der langsame Tölt. Erhöht der Reiter das Tempo, fußen die Hufe flinker hintereinander auf. Das ist schneller, aber auch unbequemer zu sitzen. Die Töltaktion wird verbessert, indem der Reiter seinen Sitz leicht nach hinten verlagert, um die Vorhand zu entlasten. Der Kopf des Pferdes ist beim Tölt leicht erhoben.

Islandpferdereiter verwenden spezielle Sättel, die den Tölt zusätzlich begünstigen. Diese Sättel verlagern das Reitergewicht weiter nach hinten. Die Beine des Reiters sind beim Tölten leicht nach vorne gestreckt.

Herdentiere

Pferdeverhalten ist sozial

Die Körpersprache ermöglicht es Pferden, mit ihrer Umwelt zu kommunizieren. Schließlich können sie nicht sprechen, zumindest nicht in Form von Worten. Dafür ist ihre Körpersprache aber sehr vielfältig und auch immer recht eindeutig.

Körpersprache

Um die Körpersprache eines Pferdes richtig zu deuten, muss man immer das ganze Pferd beobachten. Es reicht nicht, beispielsweise nur die Ohrenstellung alleine zu betrachten. Zurückgelegte Ohren können sowohl ein Anzeichen für aggressives Verhalten als auch für Unsicherheit sein. Flehmen, das Hochstülpen der Oberlippe, kann bei Hengsten auf die Witterung einer Stute hinweisen, es kommt aber auch bei Stuten und Wallachen vor. Sie reagieren mit diesem Verhalten auf ungewöhnliche Gerüche.

Wenn Pferde etwas Interessantes riechen, flehmen sie.

Wiehern

Das Sozialverhalten von Pferden wird maßgeblich durch Körpersprache bestimmt. Lautäußerungen wie Wiehern oder Quietschen runden das Ganze ab. Gewiehert wird ganz leise oder auch trompetend laut. Mal ist es eine freundliche Begrüßung oder ein Erkennungssignal, mal ein Kontaktruf. Lautes Quietschen ist vor allem eine Stutenspezialität, wenn ihnen ein Flirt zu wild wird oder ein anderes Pferd ihre Privatsphäre stört.

Schweif, Ohren und Maul

Schweif und Ohren sind wichtig, wenn es um Körpersprache geht. Ein erhobener Schweif signalisiert Erregung, wogegen ein gesenkter Schweif bei gelassenen Pferden zu beobachten ist. Unwirsches Schweifschlagen dient nicht nur dem Verjagen lästiger Fliegen, es zeigt Unwillen oder auch Langeweile an.

Zurückgelegte Ohren müssen kein Anzeichen für schlechte Laune sein. Auch beim Schmusen verändern Pferde ihre Ohrenhaltung.

Nach vorne gedrehte, gespitzte Ohren sind ein Zeichen für Aufmerksamkeit. Flach an den Kopf gelegte Ohren können Angst, Wut und Schmerz anzeigen. Aber auch beim Schmusen drehen viele Pferde die Ohren verzückt nach hinten.
Zum typischen Schmusegesicht gehört auch eine lange Oberlippe, die Pferden ein bisschen das Flair eines Ameisenbärs verleiht. Oder auch eine schlaff herunterhängende Unterlippe, die für höchste Entspannung steht. Ein verkniffenes Maul zeigt Anspannung, Angst oder Wut. Zurückgezogene Lippen, in Verbindung mit Kaubewegungen, signalisieren Unterwürfigkeit. Das ist besonders oft bei Fohlen zu sehen.

Dieses Pony schließt beim Schmusen die Augen. Es hat großes Vertrauen zu seiner kleinen Besitzerin.

Kopf und Hals

Kopf- und Halsbewegungen sind ein aussagekräftiger Bestandteil der Körpersprache. Man sollte sie auf jeden Fall mit einbeziehen, bevor man die Signale eines Pferdes endgültig deutet. Ein hocherhobener Kopf steht für Anspannung. Das kann sowohl positive als auch negative Anspannung sein.
Ein gesenkter Kopf ist ein Zeichen für Ruhe und Gelassenheit. Schnelle nach oben gerichtete Kopfstöße können eine Provokation oder eine Aufforderung zum Spiel sein. Ein sanfter nach oben gerichteter Kopfstoß ist meistens freundschaftlich gemeint. Oder das Pferd versucht, ein Leckerchen zu ergattern. Pferde, die ihren Kopf gleichmäßig auf- und absenken, dösen, sind gelangweilt oder unwirsch. Bei Skepsis oder Ablehnung zuckt der Kopf zurück und bewegt sich dabei aufwärts.
Gilt es, sich einer gefährlichen Situation zu entziehen, schwingt das Pferd Kopf und Hals aus der Gefahrenzone. Reckt es den Hals lang vor, zeigt es Dominanz und ist zum Angriff bereit. Vorsicht! In solchen Situationen kannst du gebissen werden.

Pferde, die sich mögen, massieren sich gegenseitig zärtlich mit der Oberlippe.

Körperbewegungen

Pferde setzen verschiedene Bewegungsabläufe ein, um ihre Artgenossen zu warnen. Stufe eins ist das gezielte Hin- und Herbewegen vor einem anderen Pferd. Das bedeutet: Vorsicht – gleich gibt's Ärger. Stufe zwei ist das Anrempeln mit der Schulter – direkter Körperkontakt mit Nachdruck. Stufe drei ist das Zudrehen des Hinterteils. Manche Pferde heben hierbei auch ein Hinterbein drohend an. Wenn das nicht ausreicht, um den Artgenossen zu beeindrucken, setzt es einen Tritt.

Dieser ausgelassene Luftsprung sieht lustig aus, ist aber eigentlich ganz schön frech. Das Fohlen übt, um sich später in der Pferdeherde behaupten zu können.

Beine

Auch die Beine eines Pferdes sprechen eine klare Sprache. Angefangen vom drohenden Heben eines Hinterbeins bis hin zum Zutreten. Die Vorderbeine können ebenfalls „sprechen". So steht Stampfen mit einem Vorderbein für massives Drohverhalten und Scharren für Frustration oder Ungeduld. Es kann aber auch der genauen Begutachtung eines unbekannten Objekts dienen. Hengste und manchmal auch Stuten können zudem mit den Vorderbeinen ausschlagen.

Verhaltensstörung

Schlechte Haltungsbedingungen, brutale Ausbildungsmethoden und Krankheiten können zu Verhaltensstörungen führen. So fangen ausschließlich in Boxen gehaltene Pferde manchmal an zu „weben": Sie schwingen den ganzen Tag lang mit Kopf, Hals und Beinen von links nach rechts und richten dabei ihre Vorderbeine zugrunde. Andere beginnen zu „koppen": Sie schlucken Luft, entweder frei oder indem sie ihr Maul irgendwo aufsetzen. Koppen erhöht unter anderem die Kolikanfälligkeit. Auch das Beißen und Treten von Menschen gehört zu den Verhaltensstörungen und wird fast immer durch schlechte Behandlung verursacht.

Hoppla! Jetzt wird's gefährlich!

Untugenden

Während Verhaltensstörungen bei Pferden oft zwanghafter Natur sind, erfolgt die Ausübung von Untugenden ganz gezielt. Da wird frech nach der Reiterhand geschnappt, ausgekeilt oder der Pferdepfleger angerempelt.
Auch Bocken und Durchgehen gehören zum Schreckensszenario. Untugenden sollten möglichst schon beim ersten Auftreten Anlass zur Korrektur geben.
Hat sich ein Pferd erst mal daran gewöhnt, unerwünschtes Verhalten als Druckmittel einzusetzen, müssen Profis ran, um diese Probleme zu beseitigen. Was anfangs lustig aussieht, kann mitunter lebensgefährlich werden. Kinder und Jugendliche sollten keinesfalls ohne Aufsicht mit schwierigen Pferden arbeiten.

Ausschlagen

Wenn Pferde drohen oder sich zur Wehr setzen wollen, schlagen sie aus. Man nennt das auch Austreten. Schmerzhaft ist es immer. Manche Pferde spielen prinzipiell nur Artgenossen übel mit. Andere setzen ihre Hufe auch gegen Menschen ein. Beides ist gefährlich.
Pferde, die immer wieder zutreten, werden auch Schläger genannt. In Reitställen, in denen Pferde in Gruppen auf die Weide oder in Ausläufe kommen, sind Schläger nicht gerne gesehen. Keilen sie auch noch nach Menschen aus, sind Probleme vorprogrammiert. Mit Hufeisen sind Schläger noch gefährlicher als ohne. Ein Huftritt kann für einen Menschen tödliche Folgen haben. Deshalb sollte man aus Sicherheitsgründen grundsätzlich nur seitlich von Pferden stehen – egal, wie gut man sie kennt.

Auf der Weide dürfen sich Pferde austoben. Unter dem Sattel wäre das allerdings ein sehr schlechtes Benehmen.

Beißen

Angelegte Ohren, gefletschte Zähne – auch Beißen kann zu einer schlechten Angewohnheit werden. Dass sich Pferde untereinander mal zwicken oder beißen ist normal, aber Menschen sollten davon niemals betroffen sein. Klassische Beißer legen die Ohren flach an den Kopf an und springen mit gebleckten Zähnen nach vorne, um ihr Opfer zu erwischen. Damit ein Pferd gar nicht erst zum Beißer wird, sollte das kleinste Anzeichen sofort gerügt werden, und zwar deutlich. Achte darauf, immer außerhalb der Reichweite der Zähne zu sein, wenn du einen „Beißer" putzt.

Bocken

Für Rodeopferde gehört Bocken zum Job. Bei Sport- und Freizeitpferden ist es weniger gerne gesehen. Pferde bocken

Das Verweigern eines Sprungs ist eine Unart, die du mithilfe deines Reitlehrers verbessern kannst.

in den verschiedensten Varianten: Es gibt kleine, weiche Bocksprünge, die der Reiter problemlos aussitzen kann, und heftigere, die ihn blitzschnell aus dem Sattel katapultieren. Einige Jungpferde bocken gerne beim Anreiten. Deshalb sollte man das Profis überlassen. Hat sich ein Pferd angewöhnt, aus Unwillen heraus seinen Reiter energisch aus der Balance zu bringen, muss das dringend korrigiert werden. Bei vielen Pferden hilft es, sie verstärkt vorwärts zu treiben, sobald sie sich verspannen und zum Bocken ansetzen.

Durchgehen

Bocken und Durchgehen bringen auch erfahrene Reiter ganz schön ins Schwitzen.

Durchgehen ist zwar eine ziemlich normale Sache für ein Fluchttier, aber das macht die unerwünschte Sprinteinlage nicht angenehmer. Es gibt verschiedene Gründe, weshalb Pferde durchgehen. Vielleicht haben sie sich erschreckt oder wollen sich einer unangenehmen Situation entziehen.
Dem Reiter bleibt in dieser Situation nichts anderes übrig, als sich tief in den Sattel zu setzen und zu versuchen, das Pferd in einen immer kleiner werdenden Kreis zu lenken. Das ist in der Regel erfolgreicher, als es auf gerader Strecke durchzuparieren. Der Reiter sollte keinesfalls verzweifelt schreien, auch wenn ihm danach zumute ist. Beruhigende Worte sind angebracht.

Steigen

Umso früher Untugenden korrigiert werden, desto besser. Was bei einem Fohlen noch leicht geht, ist beim erwachsenen Pferd sehr schwierig.

Steigen ist ein beliebtes Element bei Shownummern. Schließlich sieht es toll aus, wenn Pferd und Reiter senkrecht in der Luft stehen. Solange es sich hierbei um Reiter handelt, die genau wissen, was sie tun, spricht nichts dagegen. Steigt ein Pferd jedoch unkontrolliert, kann es sich dabei auch überschlagen und auf seinen Reiter fallen. Steigen aus Übermut oder Protest gilt als Untugend, die unbedingt korrigiert werden sollte. Am besten von einem Profi, denn für einen unerfahrenen Reiter ist solch eine Korrektur nicht ungefährlich. Trotzdem einige Tipps für den Notfall: Lehne dich nach vorne und ziehe nicht an den Zügeln! Sobald das Pferd wieder mit allen vier Hufen am Boden ist, reite energisch vorwärts. Oft hilft es auch, das Pferd nach innen oder außen zu stellen, sodass man sein linkes oder rechtes Auge vom Sattel aus sehen kann – wie beim Zirkelreiten. Aus einer gebogenen Körperposition heraus fällt es ihm schwerer zu steigen.

TIPP

Viele unerwünschte Verhaltensweisen von Pferden treten auf, weil sie schlecht oder falsch behandelt wurden. Damit es gar nicht erst dazu kommt, solltest du immer freundlich, fair, aber auch konsequent mit Pferden umgehen. Schlage sie nie mit der Hand und setze ebenso wenig die Gerte ein, um sie mit einem kräftigen Schlag zu strafen. Auch Sporen sind nicht dazu da, sie wutentbrannt in die Seiten eines Pferdes zu rammen. Gibt es Probleme, solltest du mit deinem Reitlehrer sprechen und ihn um Rat fragen.

Hunderte von Jahren Tradition

Boxenhaltung

In Deutschland werden die meisten Pferde in Boxen gehalten. Zumindest zeitweise. Manche stehen nur nachts in ihrer Box und sind tagsüber auf Ausläufen oder Weiden unterwegs. Andere sehen rund um die Uhr nichts als Wände und Gitterstäbe – außer sie werden gerade in der Halle geritten. Das beschränkt sich meistens aber auf maximal eine Stunde pro Tag. Bleiben 23 Stunden Boxenleben. Das kann für ein Fluchttier nicht artgerecht sein, das normalerweise in einer Herde lebt und sich den ganzen Tag lang bewegt. Und doch sind Boxen die bevorzugte Haltungsform vieler Pferdebesitzer. Warum? Weil die Pferde so sauberer bleiben, schnell verfügbar sind und sich angeblich nicht so leicht verletzen können.

Paddocks vor den Boxen erhöhen die Lebensqualität von Pferden ganz erheblich.

■ Auslauf/Paddock

Damit in Boxen lebende Pferde frische Luft und Bewegung bekommen, gibt es in guten Reitställen spezielle Ausläufe oder sogenannte Paddocks. Das sind durch Zäune abgesicherte Flächen mit Sandboden oder einem anderen Bodenbelag. Ist der Auslauf groß genug, was wünschenswert wäre, können dort mehrere Pferde stehen und sich in allen drei Gangarten bewegen. Paddocks sind meistens kleinere abgeteilte Flächen, auf denen die Pferde nur stehen oder ein bisschen Schritt gehen. An manchen Reitställen sind die Paddocks asphaltiert, damit sich die Pferde nicht wälzen und weil man Beton so bequem sauber halten kann. Das Stehen auf Asphalt ist aber nicht gut für die Hufe und Gelenke. Wenn es schon kein Sand sein darf, wären Gummipflastersteine eine gute Alternative. Darauf wälzen sich Pferde auch nicht, sie sind leicht sauber zu halten und beinfreundlich.

■ Box

Pferdefreundliche Boxen sollten circa 3,50 x 4 Meter groß sein. Darin kann sich das Pferd ein bisschen bewegen, sich problem-

Ein gepflegter Stalltrakt mit geräumigen Boxen

Eine Außenbox ermöglicht den Blick hinaus ins Freie.

Boxenpferde sollten täglich Auslauf bekommen.

los drehen und auch hinlegen. Ganz wichtig ist, dass die Gitterstäbe, die in den meisten Ställen die Trennung zwischen den einzelnen Boxen bilden, so kleine Abstände haben, dass kein Pferdehuf hindurchpasst. Wenn ein Pferd nach einem Stallnachbarn auskeilt und mit dem Huf dazwischengerät, kann es sich schwer verletzen. Die Boxentür darf nicht zu schmal sein. Ist sie nicht mindestens 1,50 Meter breit, kann sich das Pferd beim Hinein- und Hinausgehen ebenfalls verletzen. Fress- und Trinkbereiche müssen voneinander getrennt sein, weil die Tränke ansonsten ständig mit Futterresten verunreinigt wird. Bei Boxenhaltung ist auf eine gute, aber zugfreie Belüftung und ausreichend Lichteinfall zu achten.

Einstreu

In eine Pferdebox gehört Einstreu. Das ist ein weicher, mehr oder weniger saugfähiger Belag. Es gibt viele verschiedene Sorten von Einstreu, zum Beispiel: Stroh, Späne, Strohhäcksel, Hanfeinstreu, Holzpellets und vieles mehr. Weizenstroh gilt als besonders staubfrei, Haferstroh schmeckt am besten, und Gerstenstroh kann Koliken auslösen. Sägespäne sind eine gute Lösung für Pferde, die sehr staubempfindlich sind oder in einer Strohbox kugelrund werden. Bei der Entscheidung für eine bestimmte Sorte Einstreu spielt auch die Entsorgung eine Rolle. Stroh kann beispielsweise auf den Acker ausgefahren werden, Sägespäne meistens nicht. Unabhängig von der Einstreusorte ist eines wichtig: Sie darf keine Giftstoffe wie Holzschutzmittel oder Ähnliches enthalten.

Kaltstall

Ein Kaltstall ist ein Boxentrakt, in dem fast dieselbe Temperatur herrscht wie draußen. Das ist zum Beispiel bei Außenboxen der Fall, deren Fenster auch im Winter geöffnet bleiben. Kaltställe sollten möglichst zugfrei sein, auch wenn die Pferde an niedrige Temperaturen gewöhnt sind. Diese Haltungsform wirkt sich sehr positiv auf die Gesundheit von Pferden aus, wenn sie korrekt betrieben wird.

Warmstall

In einem Warmstall ist es in den kalten Monaten deutlich wärmer als draußen. Dort ist zwar keine Heizung eingebaut, die Körpertemperatur der Pferde sorgt jedoch dafür, dass das Thermometer steigt. Fenster und Türen müssen bei diesem Stallmodell jedoch die meiste Zeit geschlossen bleiben. Das setzt penibel gemistete Boxen voraus, ansonsten stinkt der Warmstall bald zum Himmel, und die Pferde werden krank. Ihre Atemwege sind für beißenden Ammoniakgeruch, der in schlecht gemisteten Ställen entsteht, höchst anfällig.

Spaziergänge sorgen zusätzlich für Frischluft und Tageslicht.

Hier geht's uns gut!

Offenstallhaltung

Offenstallhaltung ist in den letzten Jahrzehnten immer beliebter geworden. Darüber dürften sich viele Pferde freuen, denn wenn Offenstallhaltung mit Know-how betrieben wird, kommt sie einer artgerechten Haltung wohl am meisten entgegen. Die Pferde sind bei Wind und Wetter draußen, können sich aber unterstellen. Sie leben in einer Herde und haben so viel Bewegung, wie sie wollen. Natürlich gehören auch saftige Weiden und Wälzplätze zur „Open Air-Haltung".

Offenstall

Frischluft, Tageslicht, Kontakt zu Artgenossen, Bewegung – ein Offenstall bietet alles, was das Pferdeherz begehrt. Zumindest dann, wenn er gut durchdacht konstruiert und ordentlich geführt wird. Das Zentrum des Offenstalls bildet ein Unterstand, der so groß ist, dass alle Pferde der Offenstallherde darin Platz finden, ohne sich gegenseitig zu bedrängen. Der Eingangsbereich sollte auf der windstillsten Seite liegen und so breit sein, dass mehrere Pferde gleichzeitig hindurchgehen können. Ideal sind zwei Türen.
Im Inneren des Offenstalls befindet sich Einstreu, die regelmäßig ausgemistet wird. Im Idealfall passiert das täglich. Und auch der Außenbereich sollte täglich abgesammelt werden.

In Offenställen können Pferde rein und raus, wann immer sie wollen.

Gummimatten sind ein toller Bodenbelag für Offenställe.

Leider kommt in einigen Offenställen das Misten zu kurz. Die Folge hiervon ist eine explosionsartige Parasitenvermehrung und -übertragung auf die Pferde. Außerdem verschlammen schlecht abgesammelte Ausläufe schneller. Der Pferdekot zersetzt sich und bildet einen hervorragenden Nährboden für Krankheitserreger.
Zu einem Offenstall gehören auch Futterstellen und Tränken. Die Futterplätze sollten so großzügig angelegt werden, dass es zwischen den Pferden beim Fressen nicht zu Eifersüchteleien kommt. Ganz wichtig sind überdachte Heuraufen. Die Pferde sollten den ganzen Tag Heu oder Stroh zu knabbern haben. Das beschäftigt und ist gesund. Sind keine gefüllten Heuraufen vorhanden, machen sich die Pferde womöglich über die Einstreu her. Das kann unter Umständen Koliken auslösen.

Zu jedem Offenstall gehört eine ordentliche Heuraufe.

Tränken müssen regelmäßig gereinigt werden und dürfen im Winter nicht einfrieren.

Robustrassen

Offenstallhaltung ist Robusthaltung. Einige Pferderassen stehen in dem Ruf, besonders robust zu sein. Zu ihnen gehören Islandpferde, Norweger (Fjordpferde), Haflinger, Welsh Ponys, Shetlandponys und andere. Robustrassen gelten als besonders widerstandsfähig gegenüber Witterungsverhältnissen. Selbst eisiger Kälte trotzen sie mit ihrem dichten Pelz. Obwohl Robustrassen besonders gut für die Haltung im Offenstall geeignet sind, können auch andere Rassen so gehalten werden. Allerdings ist es sinnvoll, Pferde schrittweise daran zu gewöhnen, indem man mit der Offenstallhaltung nicht mitten im Winter, sondern im Frühling beginnt. Während der kalten Jahreszeit dürfen Offenstallpferde nicht geschoren werden. Dann müsste man sie nämlich eindecken, damit sie sich nicht erkälten. Und das ist nicht so einfach, wenn andere Pferde ständig an der Decke herumzupfen.

Robustrassen wie Islandpferde werden fast immer in Offenställen gehalten.

Tränke

Zu einem Offenstall gehören Tränken. Und zwar möglichst frostsichere. Hat man die nicht, ist bei Minusgraden Wasserschleppen angesagt. In vielen Offenställen sieht man die guten alten Badewannen, die täglich mit Wasser gefüllt werden. Den Pferden gefällt das, weil sie gerne in großen Schlücken trinken und in eine Wanne auch mal richtig tief eintauchen können, aber es gibt auch Nachteile. Badewannen müssen alle zwei bis drei Tage komplett gereinigt werden, um Verschmutzungen zu beseitigen und Algenbildung zu verhindern. Macht man das nicht, können sie sich zu einem Bakterienpfuhl entwickeln, der den Pferden heftige Durchfälle beschert. Im Sommer entwickeln sich Keime und Bakterien besonders schnell. Automatische Tränken, in die das Wasser portionsweise einläuft, wenn die Pferde daraus trinken, sind weitaus hygienischer.

Wetterschutz

Ein Wetterschutz ist das A und O der Offenstallhaltung. Er schützt die Pferde vor Wind und Wetter – vor allem auch vor Sonne. Denn heiße Sonnenstrahlen empfinden viele Pferde als weitaus unangenehmer als Regen. Und selbst im dichtesten Schneegestöber stehen Offenstall-Bewohner gerne draußen, bis ihr Körper von einer dichten weißen Decke überzogen ist. Darunter ist es übrigens nicht kalt, sondern kuschelig warm.

Fröhliche Pferdeaugen, zufrieden zuckende Maulwinkel und wohliges Schubbeln an Massagebürsten ... Es ist ein idyllisches Bild, das sich dem Besucher der Bergischen Weidegründe in Burscheid offenbart. Karen Schulz-Heimbeck, Leiterin des Zentrums für artgerechte Pferdehaltung und pferdegerechte Ausbildung, weiß, was ihre Lieblingstiere brauchen, um sich rundum wohl zu fühlen. Gemeinsam mit ihrem Lebensgefährten René Wingerath hat die junge Pferdeliebhaberin einen Lebensraum für Pferde geschaffen, der das Prädikat „Fünf Sterne Plus" verdient.

Karen Schulz-Heimbeck und René Wingerath legen Wert auf artgerechte Pferdehaltung.

Idealer Lebensraum

Die Bergischen Weidegründe

Saftige Weiden mit schönen Bäumen, großzügige Sandausläufe und geräumige Unterstände prägen das Bild der Bergischen Weidegründe. Dass sich hinter dem Ganzen auch jede Menge Hightech verbirgt, wird erst auf den zweiten Blick klar. Hier ist das Mekka der Computerfütterung. Davon hast du noch nie gehört? Das ist ein ganz ausgeklügeltes System: Jedes Pferd ist mit einem Mikrochip versehen, der unter der Haut sitzt und wie ein Sender funktioniert. Dieser ermöglicht eine genaue, über den ganzen Tag verteilte Rationierung der Futtermenge, die sich das Pferd an verschiedenen Stationen abholen kann. Manche nutzen diese Möglichkeit bis zu 20 Mal täglich. Die einzelnen Futterrationen sind natürlich dementsprechend niedrig dosiert. „Es ist wissenschaftlich erwiesen, dass der gesamte Verdauungsapparat des Pferdes auf ständige Nahrungsaufnahme in kleinen Futtermengen bei hoher Bewegungsaktivität ausgelegt ist", erklärt Karen Schulz-Heimbeck. Genau diesen Bedürfnissen werde mit der computergestützten Fütterung begegnet.

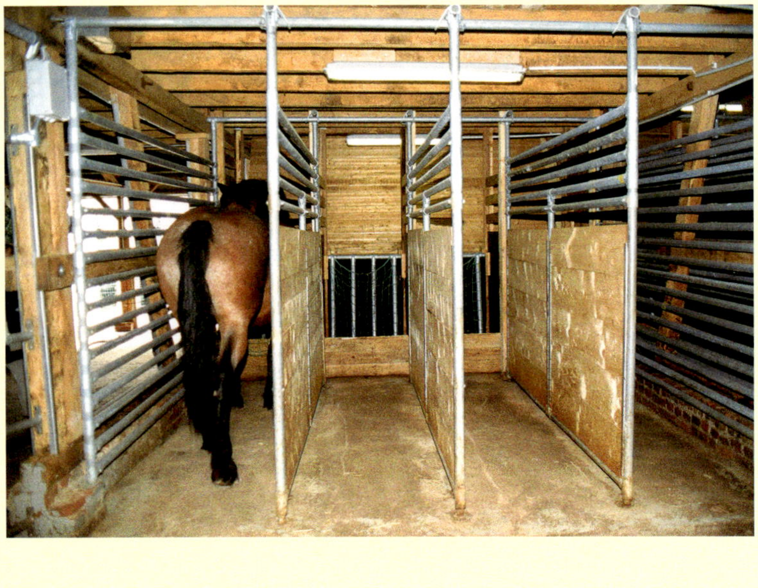

Die Futterstationen sind so unterteilt, dass es nicht zu Beißereien kommen kann.

Heuversorgung

Auch die Heuversorgung ist zum Wohle des Pferdes automatisch geregelt. Für Allergiker ist ein spezieller Heudosierer da, der extrem staubfreies Heu portionsweise zur Verfügung stellt. Dann gibt es noch einen zweiten Bereich für Pferde, die normales Heu bekommen: den Heuraum, in den allergische Pferde aufgrund ihrer Chipprogrammierung nicht hineinkommen. Während der Heuaufnahme stehen die Pferde in Ständern, an deren Kopfende ein Tor angebracht ist. Das öffnet sich, sobald ein Pferd eintritt, und schließt sich, nachdem die stündliche Fresszeit abgelaufen ist. Die verzehrte Menge wird von der Tagesration abge-

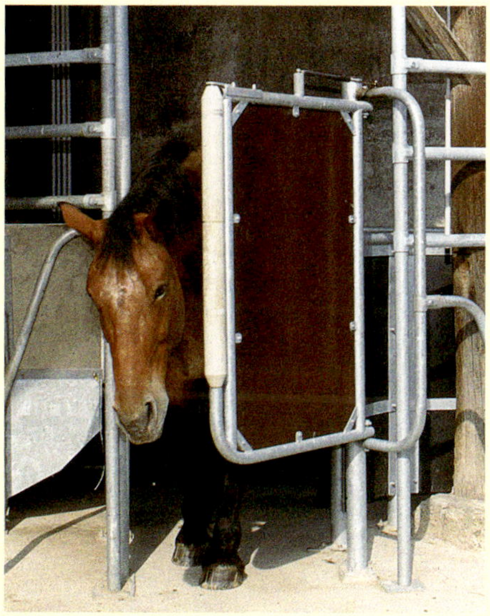

Die Pferde verlassen den Fütterungsbereich, wenn sie ihre Portion aufgefressen haben.

Auch täglicher Weidegang gehört zur artgerechten Haltung.

zogen. Der Computer kann anhand des Mikrochips genau feststellen, wie viel Heu jedem einzelnen Pferd noch zusteht. Wer keinen Anspruch mehr auf Raufutter hat, steht vor der verschlossenen automatischen Tür des Heuraumes und darf erst wieder hinein, wenn der Computer grünes Licht gibt.

Wandern wie ein Wildpferd

Um das geniale System zu verstehen, muss man wissen, dass die Pferde in der Burscheider Bewegungsanlage nicht in Boxen stehen, sondern ständig umherwandern. Ein 1.200 Quadratmeter großer, befestigter Sandpaddock, 800 Quadratmeter Hofauslauf und über 200 Meter Rundlauf ermöglichen den Pferden –, auch außerhalb der Weidesaison, die sie auf über 17 Hektar Wiesen verbringen – ihrem angeborenen Bewegungsbedürfnis rund um die Uhr nachzukommen.
Über 400 Quadratmeter Offenställe mit separaten Liegebereichen und Gummi-Drainage-Matten runden das Wellness-Angebot ab.
Die Pferde sind den ganzen Tag über beschäftigt, und das kommt ihrer körperlichen und geistigen Gesundheit zugute.

„Die Trennung von Fress- und Ruhebereichen sowie die weiter entfernt angebrachten frostfreien Tränken und Strohraufen halten die Tiere in Bewegung“, erklärt Karen Schulz-Heimbeck. Futtersuche und Fressen nehmen somit einen Großteil der Zeit ein. Sozialkontakte, Spielen, Dösen und Schlafen kommen auch nicht zu kurz. „Mit modernster Technologie und einem ausgefeilten Laufstallkonzept schaffen wir einen naturnahen Lebensraum, in dem jedes einzelne Pferd in der Gruppenhaltung – artgerecht und individuell – seinen Platz findet“, so das Team der Bergischen Weidegründe.

Eingewöhnung in die Herde

Das Leben in der Herde gehört zu einer artgerechten Pferdehaltung. Was in vielen Reitställen einfach ignoriert wird, ist auf den Bergischen Weidegründen eine Selbstverständlichkeit. Neue Herdenmitglieder werden langsam und fachgerecht an ihre Artgenossen gewöhnt. Die Atmosphäre ist hierbei so entspannt, dass auch stark verunsicherte Pferde ganz schnell Anschluss finden. „Selbst im Sozialverhalten schwer gestörte Tiere gesunden in ihrem Wesen oft schon während der ersten Saison“, versichert Karen Schulz-Heimbeck.

Für kranke oder verletzte Pferde stehen große Notboxen bereit, in denen sich die Patienten ausruhen können. Artgerecht gehaltene Pferde sind allerdings viel seltener krank als Tiere aus nicht artgerechter Haltung, und deshalb stehen die Notboxen meistens leer. Allergiker profitieren vom Leben an der frischen Luft, und auch Pferde mit Lungen-, Gelenk- oder Hufproblemen genießen es, sich ganz wie sie wollen auf unterschiedlichen Böden bewegen zu können. Ein Pferde-Solarium rundet das Wohlfühl-Programm ab.
Es verbessert das Wohlbefinden.

Bürsten zum Schubbeln sind das ultimative Wellness-Erlebnis.

Immer gepflegt

Pferdeweiden

Saftige Gräser, frische Luft und Tageslicht. Pferde wissen schon, warum sie so gerne auf die Weide gehen. Die grünen Paradiese gehören einfach zu einer artgerechten Pferdehaltung. Zumal Gras auch zur natürlichen Ernährung eines Pferdes gehört. Von Mai bis Oktober ist Weidesaison, wenn es die Witterung erlaubt. Wer große Flächen hat, kann seinen Tieren auch Winterweiden bieten. Bei kleineren Flächen ist das nicht möglich, weil die Pferdehufe die einst so grünen Wiesen bei regenreichem Wetter schnell in einen Schlammauslauf verwandeln. Weiden müssen regelmäßig gepflegt werden, wenn sie auf Dauer nutzbar bleiben sollen.

■ Absammeln

Pferdeweiden sollten täglich abgesammelt werden. Darunter versteht man das Aufsammeln aller Pferdeäpfel. Geschieht das nicht, passiert Folgendes: Es kommt zu einer explosionsartigen Vermehrung von Wurmeiern, die Anzahl der umherschwirrenden Fliegen erhöht sich ganz erheblich, und außerdem entstehen Stellen, die die Pferde meiden, weil dort das Gras nicht mehr schmeckt. Solche Stellen werden als Geilstellen bezeichnet.

■ Ausmähen/Nachmähen

Da Pferde Feinschmecker sind, fressen sie längst nicht alle Pflanzen, die sie auf der Weide finden. Weniger gut schmeckende Hälmchen bleiben stehen, wenn das Nahrungsangebot ansonsten groß genug ist. Deshalb werden Weiden ausgemäht, nachdem sie von den Pferden abgegrast wurden. Das ermöglicht einen gleichmäßigen Wuchs. Außerdem stärkt das Abschneiden der Grasspitzen die Wurzeln der Halme.

Giftpflanzen wie Schneeglöckchen müssen von Weiden entfernt werden.

■ Düngen

Böden brauchen Nährstoffe und Mineralien, damit das Gras auf ihnen wachsen kann. Sind zu wenig Nährstoffe im Boden, muss der Boden gedüngt werden. Welchen Dünger eine Wiese braucht, lässt sich am besten mit einer Bodenanalyse ermitteln. Dabei wird an verschiedenen Stellen der Weide Erde entnommen und in einem Labor untersucht. Mit diesem Ergebnis lässt sich ein genauer Düngeplan erstellen, und das Gras kann wieder kraftvoll wachsen.
Pferde sollten übrigens keinesfalls auf frisch gedüngte Weiden gestellt werden. Der Dünger kann sie krank machen. Abhängig vom verwendeten Dünger bleibt die gedüngte Weide bis zu sechs Wochen lang gesperrt.

Auf der Weide können sich Pferde so richtig austoben.

Zur Pflege einer Weide gehört auch das Nachsäen.

Schattenplätze sind wichtig, wenn es heiß ist.

Gras

Es gibt viele verschiedene Grassorten. Auf den meisten Pferdeweiden wächst sogenanntes Hochleistungsgras, das auch bei der Rinderhaltung vorherrscht. Dabei ist dieses reichhaltige Gras gar nicht unbedingt gut für Pferde, weil es schnell zu Übergewicht und Erkrankungen führen kann. Für viele Rassen ist mageres Gras gesünder. Wenn dann noch eine ausgewogene Mischung verschiedener gesunder Kräuter hinzukommt, ist das Pferdeglück perfekt.

Koppeln

Das A und O einer ausgewogenen Weideführung ist die Schaffung von einzelnen Koppeln. Dann hat man die Möglichkeit, die Pferde öfter umzuweiden. Eine Einteilung in kleine Weidestücke verhindert, dass sie sich auf einer großen Weidefläche nur die besten Leckerbissen herauspicken und weniger wohlschmeckende Pflanzen stehen lassen.

Zäune

Weiden müssen sicher eingezäunt werden, damit die Pferde nicht ausbrechen. Zäune können ganz unterschiedlich aussehen, wobei sich die Kombination aus Holzpfählen und Elektroband-Litze besonders großer Beliebtheit erfreut. Berühren die Pferde den Elektrozaun, bekommen sie einen leichten Stromschlag, der keine großen Schmerzen verursacht, aber durchaus abschreckend wirkt. Auch komplette Holzzäune, zur Weideseite hin mit Elektrolitze an Abstandhaltern versehen, werden gerne genommen. Besonders vornehm sehen weiße Kunststoffzäune aus. Die sind aber auch ganz schön teuer. Das gilt auch für Steinmauern und Umzäunungen aus Hecken. All das sieht sehr gut aus und schützt vor Wind, kostet aber eine Menge Geld.
Eine sichere Umzäunung der Weide ist auch wichtig, damit die Versicherung eines Pferdes entstandenen Schaden bezahlt, falls es doch irgendwie ausgebrochen ist. Ist der Zaun an der betreffenden Weide mangelhaft, zahlt die Versicherung in der Regel nicht.
Drähte sind nicht als Weidezaun geeignet, weil sich Pferde daran lebensgefährlich verletzen können. Stacheldraht ist sogar laut Tierschutzgesetz verboten.

Eine sichere Weideumzäunung verhindert das Ausbrechen.

Fohlen und Mutterstuten genießen die Zeit auf der Weide.

Individuell

Ernährung des Pferdes

Wildpferde sind praktisch immer mit Fressen beschäftigt. Dabei wandern sie aber auch ständig herum, und es gibt Zeiten, in denen das Nahrungsangebot schlecht ist. Bei Sport- und Freizeitpferden sieht das anders aus. Sie werden gefüttert oder für eine bestimmte Zeit auf die Weide gestellt. Es ist wichtig, dass Pferde nicht über viele Stunden hinweg hungern müssen. Ist das der Fall, können sie Magengeschwüre entwickeln und andere Krankheiten bekommen. Deshalb erhalten Pferde, die überwiegend in einer Box stehen, zwei- bis dreimal täglich Kraftfutter. Hinzu kommt in der Regel Heu, an dem sie einige Stunden lang knabbern können. Pferde, die in Offenstallhaltung stehen, ernähren sich oft ausschließlich von Heu, Stroh und Weidegras.

Kraftfutter gibt Pferden Energie.

Kraftfutter

Eine extrem hohe Nährstoffdichte macht Kraftfutter zu einem wahren Energiequell. Es verleiht Pferden mehr Leistungsfähigkeit, manchmal auch zu viel. Denn wenn ein Übermaß an Pellets, Mischfutter oder Körnerfutter wie Hafer, Gerste oder Mais gefüttert wird, hat das immer negative Folgen. Zum einen kann das krank machen, zum anderen wird das Pferd vielleicht übermütig. Deshalb muss die Menge des verfütterten Kraftfutters immer individuell auf das jeweilige Pferd abgestimmt werden. Hierbei spielen Körpergröße und -gewicht und die tägliche Belastung eine Rolle. Außerdem gibt es gute Futterverwerter und schlechte.

Leckerlis

Sogenannte Leckerlis gehören nicht zum Basis-Ernährungsplan eines Pferdes, und dennoch sind sie aus keinem Reitstall wegzudenken. Ein kleiner Snack zwischendurch dient als Belohnung und motiviert das Pferd. Leckerchen gibt es in vielen verschiedenen Geschmacksrichtungen zu kaufen. Apfel- und Möhrenstückchen sind auch als Leckerbissen geeignet und besonders gesund. Wichtig: Leckerlis sollten nicht im Übermaß, sondern immer nur dann gegeben werden, wenn das Pferd auch wirklich eins verdient hat.

Spaziergänger sollten Pferde nicht füttern. Ungeeignete Nahrung kann sie krank machen.

Mash

Pferde können große Mengen fressen. Zu viel macht jedoch einen dicken Bauch.

An einem kalten Wintertag kann es nichts Verführerischeres geben als eine Schüssel voll lauwarmem Mash. Davon sind zumindest viele Pferde überzeugt. Aber Mash ist nicht nur lecker und wärmend, sondern auch noch ganz schön gesund. Es fördert die Verdauung und beugt Koliken vor. Es wird gerne an Pferde im Fellwechsel, säugende Stuten und Pferdesenioren verfüttert. Generell scheint Mash das Wohlbefinden zu steigern.
Und woraus besteht Mash? Die klassische Version setzt sich aus Leinsamenschrot, Weizenkleie und Quetschhafer zusammen. Da das Aufsetzen selbst gemischten Mashs eine ziemlich matschige Angelegenheit ist, bevorzugen viele Pferdebesitzer eine Fertigmischung. Die wird nur noch mit heißem Wasser aufgegossen und muss 15 bis 30 Minuten ziehen, bevor sie dem Pferd lauwarm vorgesetzt wird. Wer Mash selbst herstellen möchte, muss beachten, dass Leinsamen mindestens zwölf Stunden lang in Wasser vorquellen sollten, bevor sie 15 bis 20 Minuten gekocht werden, damit keine giftigen Blausäurerückstände mehr in ihnen sind. Erst dann dürfen sie mit den anderen Zutaten vermischt werden.

Raufutter

Heu und Stroh sind Raufuttersorten und zeichnen sich durch einen hohen Ballaststoffgehalt aus. Raufutter ist wichtig für die Pferdegesundheit, weil es für eine regelmäßige Darmtätigkeit sorgt. Pferde sind darauf ausgelegt, ständig kleine Mengen Futter aufzunehmen, was ihren Verdauungstrakt in permanenter Bewegung hält. Das beste Heu stammt von artenreichen Wiesen ohne Giftpflanzen. Der erste Schnitt des Jahres ist am gehaltvollsten. Die nachfolgenden Schnitte gelten als minderwertiger. Frisches Heu muss sechs bis acht Wochen lang luftig gelagert werden, bevor es verfüttert werden darf. Das nennt man auch Ausschwitzen!

Heu sollte gut duften und absolut staubfrei sein.

Der Tagesbedarf an Heu ist von Pferd zu Pferd verschieden. Der Durchschnitt liegt zwischen vier und acht Kilogramm. Ein Teil des Raufutterangebots darf auch aus Stroh bestehen. Hafer- und Weizenstroh bieten sich hier an. Allerdings sollte das Strohfressen nicht überhandnehmen, ansonsten droht Verstopfungsgefahr.

Saftfutter

Wie der Name schon sagt: Saftfutter hat etwas mit Feuchtigkeit zu tun. Und die steckt sowohl in Gras als auch in Äpfeln, Möhren, Rüben, Roten Beeten und anderen saftigen Leckereien. Gras ist während der Weidesaison ein Hauptbestandteil des Ernährungsplanes, wogegen andere Saftfuttersorten in dosierten Mengen zusätzlich gefüttert werden.

Gras ist eines der natürlichsten Nahrungsmittel für Pferde.

Zusatzfutter

Zusatzfuttermittel werden zusätzlich zur normalen Kraftfutterration verfüttert. Es kann sich hierbei beispielsweise um spezielle Müsli- oder Kräuter-Mischungen handeln.

Die Futterrationen werden genau auf die Bedürfnisse des Pferdes angepasst.

Irre wichtig

Gesundheit

Es gibt viele Pferdekrankheiten. Gegen manche – zum Beispiel Tetanus, Tollwut, Herpes, Pilzinfektionen und Influenza (Grippe) – kann man Pferde impfen. Gegen andere nicht. Aber dennoch lassen sich viele Krankheiten durch umsichtiges Verhalten vermeiden. So sollten Pferde immer trocken geritten oder trocken geführt werden, bevor man sie in Box oder Auslauf entlässt. Blutsauger wie Zecken sind möglichst schnell zu entfernen. Pferde sollten vor dem ersten Trab und Galopp immer mindestens zehn Minuten lang im Schritt warm geritten werden. Aber auch bei bester Behandlung können Krankheiten auftreten. Sobald man an einem Pferd auffällige Veränderungen bemerkt, sollte man es von einem Tierarzt untersuchen lassen.

■ Borreliose

Borreliose ist eine Krankheit, die durch Zecken übertragen wird. Sie kommt auch bei Menschen und Hunden vor. Bei Pferden ist diese Krankheit nicht leicht zu erkennen, weil die Symptome so vielseitig sind. Steifheit, gelegentliches Lahmen, Abmagerung, Hautveränderungen und eine erhöhte Anfälligkeit für Infekte sind nur einige Beispiele. Bei einem Verdacht auf Borreliose wird der Tierarzt einen Bluttest machen. Ist das Ergebnis positiv, wird diese Krankheit behandelt. Leider sind Borreliose-Therapien sehr langwierig. Die beste Vorbeugung gegen Borreliose ist es, Pferde zweimal täglich nach Zecken abzusuchen. Haben sich welche in die Haut gegraben, muss man sie so schnell wie möglich mit einer Zeckenzange entfernen.

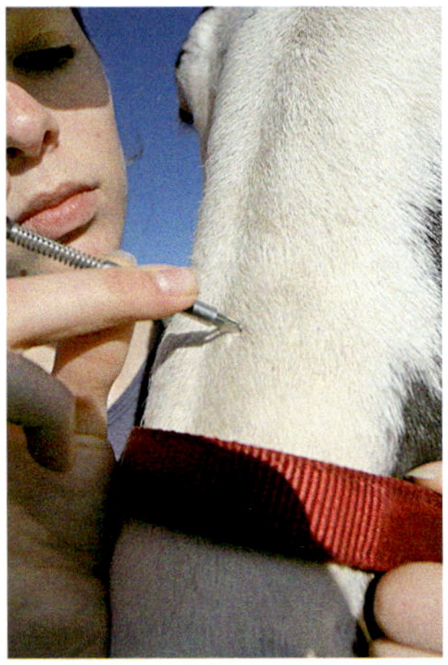
Zecken können Pferde krank machen. Deshalb musst du sie entfernen.

■ Husten

Husten kann ein Anzeichen für eine Erkältung sein. Es gibt aber auch ansteckenden Husten, bei dem keine Erkältung im Spiel ist. Er entsteht durch Bakterien und Viren, die sich von einem Pferd auf das andere übertragen. Staub und Schimmelpilze können ebenfalls Husten auslösen. Wenn ein Pferd unter Husten leidet, muss man den Tierarzt holen, damit er eine Behandlung einleiten kann. Pferde mit Husten brauchen frische Luft, dürfen aber nicht im Durchzug stehen. Außerdem benötigen sie Ruhe. Reiter sollten ein verschwitztes Pferd nie in die Box oder in den Auslauf stellen, ohne es zuvor trocken geritten zu haben. Denn nass geschwitzt erkältet es sich ganz schnell.

Schnupfen kann auch durch Viren verursacht werden.

■ Kolik

Koliken sind das Schreckgespenst jedes Pferdehalters. Plötzlich fühlt sich das Pferd unwohl, blickt sich nach seinem Bauch um, scharrt unwirsch mit den Hufen, bekommt Schweißausbrüche und legt sich immer wieder hin. Meistens macht sich beim Besitzer in solchen Momenten Panik breit, dabei ist es wichtig, gerade jetzt ruhig zu bleiben, sofort den Tierarzt zu informieren und bis zu seinem Eintreffen das Richtige zu tun. Viele schwerwiegende und sogar tödlich verlaufende Folgen einer Kolik können verhindert werden, wenn sofort sinnvoll gehandelt und nicht genau das Falsche unternommen wird.

Wenn dir dein Pferd komisch vorkommt, solltest du den Tierarzt holen.

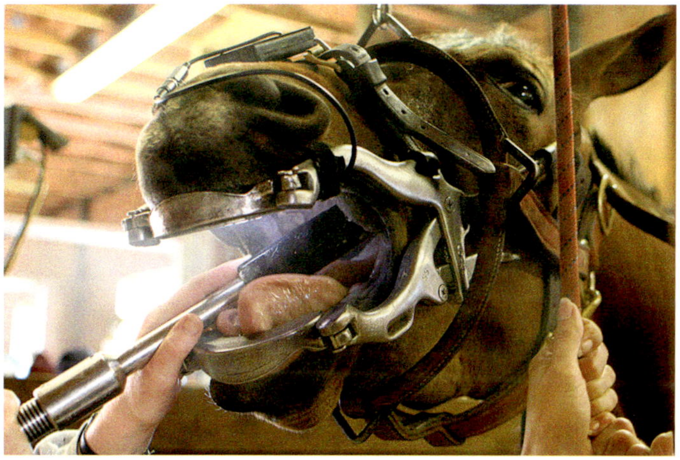

Regelmäßige Zahnkontrollen gehören zur Gesundheitsvorsorge.

Wenn der Verdacht einer Kolik besteht, solltest du sofort alles Fressbare aus dem Umfeld deines Pferdes entfernen. Das gilt auch für Stroh, das als Einstreu dient. Bei leichten Kolikbeschwerden kannst du das Pferd langsam führen, bis der Tierarzt kommt. Bei starken Schmerzen ist es besser, das Pferd in seiner Box zu lassen. Früher nahm man an, dass Wälzen gefährlich für Kolikpferde ist. Das gilt heute als widerlegt. Es darf sich also wälzen, vorausgesetzt, der Boden ist weich und tief genug. Auf hartem Boden könnte es sich beim Wälzen verletzen.

Es gibt verschiedene Arten von Koliken: Die Krampfkolik ist mit fast 50 Prozent aller Fälle die häufigste Form. Ihr liegt eine Darmfunktionsstörung zugrunde, die meistens durch einen der folgenden Auslöser begünstigt wurde:
- Unterkühlung
- Wetterumschwung
- verdorbene Futtermittel
- andere extreme Reize

Eine Krampfkolik äußert sich meistens durch folgende Symptome:
- anfallartige, heftige Kolikattacken, gefolgt von Ruhephasen
- Atem und Puls sind erhöht
- eventuell abgesetzter Kot ist breiig
- auf der linken Bauchseite sind verstärkte Bewegungen des Dünndarms zu hören
- bei einem Anfall sind keine Darmgeräusche mehr zu hören

Lahmen

Wenn Pferde nicht mehr gleichmäßig laufen, sondern ein Bein schonen oder sogar humpeln, spricht man von Lahmen. Diese Störung kann viele Ursachen haben. Vielleicht hat sich das Pferd vertreten, wurde von einem Huf getroffen oder leidet an einem Hufgeschwür. Wenn man merkt, dass das Pferd nicht klar geht, gilt der erste Griff dem Hufauskratzer. Vielleicht klemmt ein Stein im Huf. Ist das nicht der Fall, sollte das Pferd von einem Tierarzt untersucht werden.

Mauke

Krusten und nässende Stellen in den Fesselbeugen können ein Anzeichen für Mauke sein. Hierbei handelt es sich um Hautentzündungen, die unter anderem durch Bakterien und Schmutz ausgelöst werden können. Hygiene im Stall und in den Ausläufen ist die beste Vorbeugung gegen Mauke, die auf jeden Fall vom Tierarzt behandelt werden sollte.

Der Puls des Pferdes lässt sich auch mit einem funkgesteuerten Herzfrequenzmessgerät feststellen. Das ist praktisch, wenn man beim Training messen möchte.

Ist alles im Schrank?

Erste Hilfe

Verletzungen und Unfälle gehören zum Stallalltag. Darum ist es wichtig, dass du im Notfall Erste Hilfe leisten kann. Hierzu gehören die Erstversorgung kleiner Wunden, das Stillen von Blutungen, das Anlegen von Verbänden und die Kontrolle von Puls, Atmung und Temperatur. Bei aller Hilfsbereitschaft solltest du eines nicht vergessen: Sofort den Tierarzt zu alarmieren, wenn sich ein Pferd verletzt hat oder sich anders verhält als sonst.

Desinfektion

Wunden unterschiedlicher Größe und Tiefe hat wohl jeder Pferdebesitzer schon einmal gesehen. Kleinere Verletzungen kannst du selbst mit einem speziellen Spray desinfizieren. Größere müssen noch am selben Tag vom Tierarzt behandelt werden. Nässt die Wunde sehr, bewähren sich Pulversprays, die auch auf nassen Flächen haften und Keime abtöten. Außerdem sollte überprüft werden, ob das Pferd über einen Schutz gegen Wundstarrkrampf verfügt. Ansonsten muss unbedingt eine Tetanus-Impfung erfolgen.

Offene Wunden werden mit einem Spray desinfiziert.

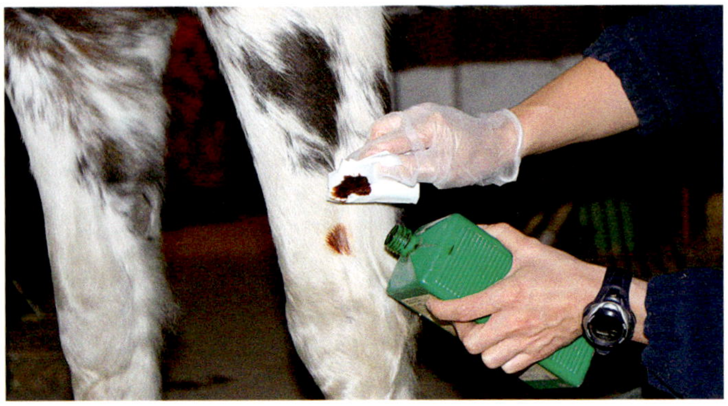

Auch Betaisadonna ist zur Wunddesinfektion geeignet.

Blutung stoppen

Starke Blutungen müssen schnell gestoppt werden. Auch hierbei gilt: Sofort den Tierarzt benachrichtigen! Bis er eintrifft, versuchst du, die Blutung zu stoppen. Hierzu legst du einen Druckverband an, was bei Pferden allerdings nur an den Beinen und am Hals problemlos funktioniert. An den übrigen Stellen des Körpers muss man Mullbinden oder saubere Tücher auf die verletzte Stelle drücken und abwarten, bis der Tierarzt kommt.

Verband anlegen

Manchmal ist es sinnvoll, in Absprache mit dem Tierarzt, einen Verband anzulegen. Zum Beispiel bei einer Schwellung im Sehnenbereich oder bei einer offenen Verletzung. Bevor du den Verband anlegst, musst du zuerst eine Abpolsterung schaffen. Elastische Bandagen sollten nie direkt auf der Haut des Pferdes liegen. Hierzu nimmst du eine weiche Baumwollbandage, die auch über einer sterilen Wundauflage eingesetzt werden kann. Polstermaterial nie direkt auf die Wunde legen! Synthetische Watte ist ebenfalls eine gute Abpolsterung. Die Polsterschicht lässt sich gut mit zwei kleinen Klebebandstreifen befestigen – einer oben, einer unten. Danach legst du die elastische Bandage an. Immer an der hinteren Beinseite beginnen und die Bandage von dir weg abrollen. Die Bandage darf nicht zu fest sitzen, weil sie ansonsten die Durchblutung stört. Allerdings darf sie auch nicht so locker sein, dass sie rutscht.

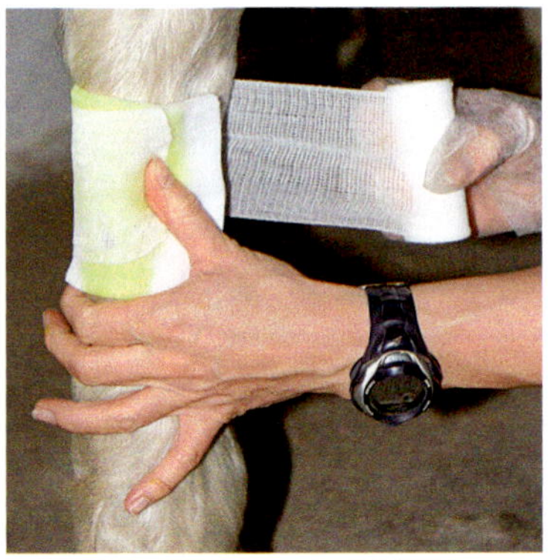

Verbände dürfen nicht verrutschen, aber auch nicht so fest sein, dass sie die Durchblutung stören.

Puls, Atmung, Temperatur

Auch die Überprüfung der PAT-Werte (Puls, Atmung, Temperatur) gehört zur Ersten Hilfe. So kannst du feststellen, ob ein Pferd tatsächlich eine gesundheitliche Störung hat, die ein Tierarzt behandeln muss.
Die normale Pulsfrequenz eines Pferdes liegt bei 28 bis 40 Schlägen pro Minute. Die Atemfrequenz bei 8 bis 16 Atemzügen pro Minute und die Körpertemperatur ist altersabhängig. Bis zum fünften Lebensjahr gelten 37,5 bis 38,4 Grad Celsius als normal. Bei Pferden, die älter als fünf Jahre sind, gilt 38 Grad Celsius als Obergrenze.
Die Körpertemperatur wird mit einem Fieberthermometer im After gemessen. Man sollte die Spitze des Thermometers mit Melkfett oder Vaseline einreiben, weil es dann leichter in den After gleitet. Um das Thermometer einzuführen, stellt man sich dicht hinten links neben das Pferd. Mit der linken Hand hält man die Schweifrübe hoch, während die rechte das Thermometer erst ein kleines Stück weit und nach einer kurzen Wartezeit circa zwei bis drei Zentimeter weit einführt. Moderne Thermometer signalisieren mit einem Signalton, dass die Endtemperatur ermittelt wurde. Während des Messens muss man das Thermometer gut festhalten, damit es nicht eingesogen wird. An manchen Fieberthermometern kann man ein Bändchen befestigen, an dem man sie im Notfall wieder aus dem After ziehen kann.
Die Pulsmessung erfolgt an der Innenseite des Unterkiefers. Auch seitlich der Schweifrübe, etwa eine Hand breit unterhalb des Schweifansatzes, lässt sich der Puls eines Pferdes erfühlen. Das Herz wird links, etwas hinter dem Ellenbogen, an der Brustwand abgehört. Die Atmung lässt sich durch Beobachten des Rippenbogens zählen.

Dickes Bein

Ein dickes Bein sollte möglichst schnell behandelt werden. Zuerst musst du es nach äußeren Verletzungen absuchen, die desinfiziert werden sollten. Danach kann ein Wasserschlauch Kühlung verschaffen und eine Ausdehnung der Schwellung verhindern. Anschließend reibt man den geschwollenen Bereich mit Sportsalbe ein. Diese wirkt abschwellend, kühlend und schmerzlindernd. Auch Umschläge mit essigsaurer Tonerde oder Rivanol haben diesen Effekt.
Dünne Gummihandschuhe schützen die eigenen Hände vor dem Eindringen unerwünschter Wirkstoffe. Nach der Erstversorgung wird der Tierarzt geholt, um das Pferd zu untersuchen.

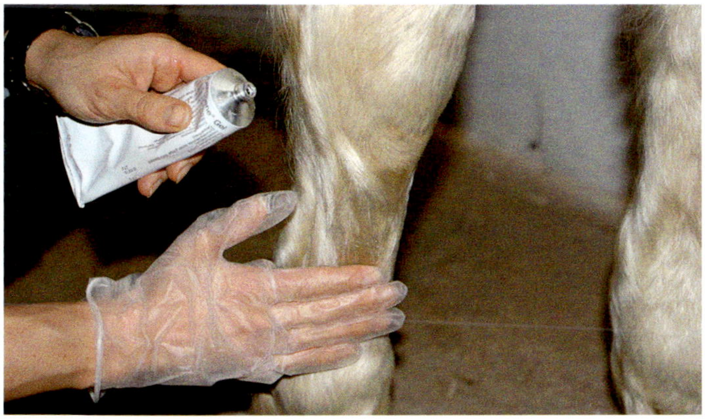

Trage einen Handschuh, wenn du Salben einmassierst.

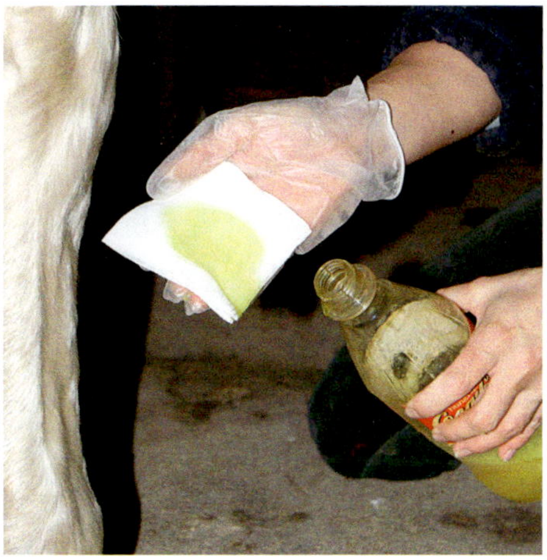

Rivanol-Lösung kannst du in einer leeren Flasche ansetzen. Sie wirkt abschwellend und entzündungshemmend.

Das gehört in die Stallapotheke

- stumpfe, gebogene Schere
- sterile, nicht klebende Wundauflagen
- selbst klebende Stretchbandagen und feste Bandagen
- Polstermaterial (Baumwollbandagen oder synthetische Watte)
- Desinfektionsspray
- flüssiger Wundverschluss (z. B. Aluminiumspray)
- wasserfestes Tape
- Jodlösung oder anderes Antiseptikum
- Wundgel und Wundsalbe
- Fieberthermometer
- Zugsalbe
- Gelpads zum Kühlen
- Wärmflasche
- Zeckenzange
- Pinzette
- Gummihandschuhe

Der Puls des Pferdes lässt sich an der Innenseite des Unterkiefers erfühlen.

Juckreiz, Durchfall, Abmagerung?

Würmer & Co.

Würmer sind schleimig und ekelhaft. Viel schlimmer ist allerdings, dass sie Pferde richtig krank machen können. Um das zu verhindern, müssen regelmäßige Wurmkuren erfolgen. Diese sind unterschiedlich stark konzentriert und zusammengesetzt. Während im Frühjahr und während der Weidesaison alle sechs bis acht Wochen Routine-Entwurmungen gegen Spul-, Palisaden- und Madenwürmer erfolgen, stehen im März und September Bandwürmer und zwischen Oktober und Dezember Dasseln auf dem Entwurmungsplan.

■ Rundwürmer & Co.

Koliken, Durchfälle, Husten, Abmagerung und Mattigkeit können Anzeichen für einen starken Wurmbefall sein. Meistens sind gefährliche Rundwürmer an diesem Zustand schuld. Einige Übeltäter lassen sich eindeutig identifizieren, wenn man eine Kotprobe des Pferdes vom Tierarzt untersuchen lässt. Die einzelnen Larvenstadien der großen Palisadenwürmer, der Spul- und Zwergfadenwürmer sind bei dieser Analyse allerdings nicht festzustellen, dabei bergen sie das größte Risiko. Genau aus diesem Grund erübrigt sich die Idee, das Pferd nur dann gezielt entwurmen zu lassen, wenn ein positives Untersuchungsergebnis vorliegt. Viel sicherer ist es, auch ohne Kotuntersuchung regelmäßig zu entwurmen.

■ Paste, Pellets, Granulat

Wurmkuren werden als Paste, Pellets oder Granulat angeboten. Pasten sind mithilfe eines spritzenähnlichen Dosierers direkt in das Maul des Pferdes zu spritzen. Dabei sollte es keine Futterreste im Maul haben, weil sich diese mit der Paste vollsaugen und anschließend herausfallen könnten. Ein Dosierer ist die beste Garantie dafür, dass das Pferd auch tatsächlich die erforderliche Menge an Wurmpaste aufnimmt. Bei Pellets oder Granulaten kann auch schon einmal etwas danebenfallen oder die aufgenommene Dosis ist zu gering.

■ Entwurmungsrhythmus

Über den Entwurmungsrhythmus gibt es unterschiedliche Ansichten. Manche Tierärzte empfehlen, Pferde während der Weidesaison alle vier Wochen zu entwurmen. Andere sprechen von einem sechs- bis achtwöchigen Rhythmus. Die Größe des Pferdebestands, züchterische Aktivitäten und neu in die

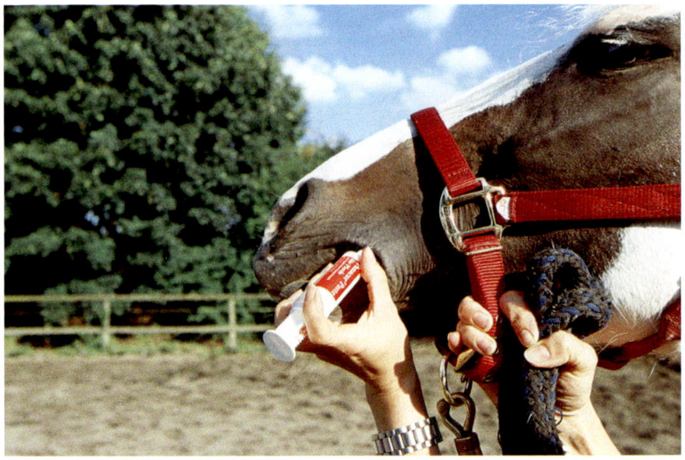

Pferde müssen regelmäßig entwurmt werden.

Herde kommende Pferde spielen hierbei eine Rolle. Die häufige Entwurmung während der Weidezeit hat folgenden Hintergrund: Sie reduziert die Ausscheidung von Wurmeiern und hält somit die Durchseuchung der Weiden gering.

■ Neuinfektion

Um das Ganze noch wirksamer zu machen, sollten prinzipiell alle Pferde gleichzeitig entwurmt werden. Ist dies nicht der Fall, würden sich die frisch entwurmten Tiere gleich wieder über den Kontakt zu nicht entwurmten Pferden neu infizieren. Die Wirkung der Wurmkur wird dadurch recht schnell zunichte gemacht. Kommt ein neues Pferd in die Herde, sollte es vorher entwurmt worden sein und 48 Stunden lang nicht mit auf den Auslauf oder die Weide dürfen, auf dem sich die neue Herde aufhält. Seine Box muss nach der Wurmkur komplett ausgeräumt werden. Ansonsten könnte es sich an seinem eigenen Kot erneut infizieren.

Entwurmung in Zuchtbetrieben

In Reitbetrieben und Ställen, in denen nicht gezüchtet wird, sollten Pferde mindestens viermal pro Jahr entwurmt werden. Einmal im Winter, mit einer Wiederholungsbehandlung nach sechs Wochen, und einmal im Sommer mit einer erneuten Wiederholungsbehandlung nach sechs Wochen. Bei jungen Pferden muss dabei die Behandlung gegen Spulwürmer, bei älteren die gegen Palisaden- und Madenwürmer berücksichtigt werden. Drei bis fünf Tage vor Ende der Weidesaison empfiehlt sich eine erneute Entwurmung, um die Verschleppung der Würmer auf die Winterausläufe zu reduzieren.
In Zuchtbetrieben ist ein engerer Entwurmungsrhythmus sinnvoll. Während der Weidesaison sollten unbedingt alle vier Wochen Entwurmungen erfolgen.

Weidehygiene

Wurmkuren sind sicherlich eine effektive Maßnahme gegen Parasiten, die Weidehygiene ist allerdings ein weiterer wichtiger Aspekt. Wurmeier und -larven werden von Pferden mit dem Kot ausgeschieden. Als Folge findet man auf ungepflegten Weiden rund um Pferdeäpfel eine hohe Verseuchung mit Wurmlarven. Hier können sich Pferde infizieren und innerhalb kurzer Zeit erneut stark verwurmen. Deshalb sollten Pferdeweiden regelmäßig abgesammelt werden. Das ist ein wichtiger Beitrag zur Gesunderhaltung der Tiere. Wurmlarven überleben selbst harte Wintermonate auf der Weide. Daher ist die diesjährige Wurmbekämpfung schon aktive Gesundheitsvorsorge für das nächste Jahr.

Auf gepflegten Weiden ist die Gefahr einer Neuinfektion mit Wurmeiern geringer.

Pferdeäpfel sollten täglich von Weiden und Ausläufen entfernt werden.

Entwurmungsplan

Wenn dein Pferd in einem Pensionsstall steht, kümmert sich in der Regel der Besitzer des Betriebs um die Entwurmung der Pferde. Ist das nicht der Fall, solltest du mit einem Tierarzt sprechen, um einen genauen Entwurmungsplan für dein Pferd zu erstellen.

Wichtig sind hierbei folgende Punkte:
- die Anzahl der Pferde
- der Pflegezustand von Weiden und Ausläufen
- wird gezüchtet oder nicht?
- die Jahreszeit
- das Alter der Pferde

Tipp

Solltest du ein Pferd besitzen, das sich nicht entwurmen lässt, kannst du die Wurmpaste in lauwarmes Mash einrühren. Der angenehme Duft des Mashs überdeckt den Geruch der Wurmpaste und verführt die meisten Pferde dazu, alles aufzuschlecken. Sollte dein Pferd kein Mash mögen, hat es vielleicht ein anderes Lieblingsfutter, das man mit der Paste präparieren kann. Aber auch hierbei besteht die Gefahr, dass nicht die volle Menge des Wirkstoffs aufgenommen wird. Am besten aber bittest du einen erfahrenen Pferdebesitzer um Hilfe.

Kann Grünzeug krank machen?

Giftpflanzen

Pferde sind Pflanzenfresser. Dass Grünzeug auch schädlich sein kann, wissen sie nicht. Deshalb müssen wir darauf achten, dass keine giftigen Pflanzen im direkten Umfeld unserer Pferde wachsen. Hier eine Übersicht der wichtigsten Giftpflanzen.

Buchsbaum

Efeu

Eibe

Pflanze	Vorkommen	Giftstoff	Symptome
Adlerfarn	Waldwiesen	zerstört Vit. B1	Berührungsempfindlichkeit, Krämpfe, blutiger Durchfall, tödlich ab zwei bis drei Kilogramm
Adonisröschen	kalkhaltige Wiesen	herzwirksame Glykoside	Rötungen und Schwellungen der Maulschleimhaut, Atemnot, Durchfall u. a.
Bingelkraut	Äcker	reizendes Öl und Saponine	Magen-, Darm- und Nierenentzündungen u. a.
Buchsbaum	Zierstrauch, Baum	Alkaloide	Kolik, Durchfall, u. U. tödlich
Eibe	Zierstrauch, Baum	Alkaloide	Muskelzittern, Kolik, Durchfall, u. U. tödlich
Eiche	Wälder	Gerbsäure	Kolik, Verstopfung, Fieber u. a.
Efeu	Ziergewächs, Wald	Saponine	Schleimhautreizung, Durchfall
Gefleckter Schierling	Wegränder	Alkaloid	Zittern, Lähmung, Atemnot, u. U. tödlich
Goldregen	Zierstrauch oder Baum	Alkaloid	Erregung, Kolik, starker Speichelfluss, Krämpfe, u. U. tödlich
Hahnenfuß	sumpfige Wiesen	Reizgift	Entzündung der Maulschleimhaut, Kolik, Durchfall, Schwäche u. a.
Herbstzeitlose	feuchte Wiesen	Alkaloid	Kolik, blutige Durchfälle, Lähmung, u. U. tödlich
Jacobskreuz-kraut	Wiesen	Alkaloide	Teilnahmslosigkeit, Appetitlosigkeit, häufiges Gähnen, gelbe Lidbindehäute, dunkelbrauner Harn u. a.
Lupine	Wegränder	Alkaloide	Krämpfe, Atemlähmung, Gelbsucht u. a.

Wichtig: Giftpflanzen können schwere Vergiftungen bei Pferden auslösen. Ihre Wirksamkeit hängt von der Konzentration des Giftstoffes ab, der wiederum von der Witterung, der Bodenbeschaffenheit, der Jahreszeit und anderen Umweltfaktoren abhängt. Sogenannte grüne Giftpflanzen, die auf vielen Weiden stehen, werden in der Regel nur verzehrt, wenn Futtermangel besteht. Dies kann beispielsweise beim Hahnenfuß der Fall sein, der gerne auf Weiden in Bach- oder Sumpfnähe gedeiht. Die gesundheitlichen Folgen einer Vergiftung, werden nicht nur durch das aufgenommene Gift, sondern auch durch den Allgemeinzustand des Pferdes beeinflusst.

Hahnenfuß

Jacobskreuzkraut

Notfall: Bei Verdacht auf eine Vergiftung muss die Aufnahme des infrage kommenden Futters sofort unterbunden werden. Dann ist umgehend der Tierarzt zu benachrichtigen. Eine schnelle Behandlung kann lebensrettend sein.

Robinie

Wacholder

Pflanze	Vorkommen	Giftstoff	Symptome
Robinie	Wälder	Toxalbumin	schnelle Atmung, Krämpfe, Schwäche, u. U. tödlich
Rotbuche	Wälder	zerstört Vit. B1	Schreckhaftigkeit, Schmerzen, Kolik, Zittern, Krämpfe, u. U. tödlich
Roter Fingerhut	Lichtungen	Glykoside	verlangsamter Puls- und Herzschlag, Durchfall, Schläfrigkeit, vermehrter Harnabsatz, Lähmung u. a.
Schwarzer Nachtschatten	Wiesen	Alkaloide	Hinfälligkeit, Niederstürzen, Durchfall, braunroter Harn u. a.
Stechapfel	Wegränder	Alkaloide	Sehstörungen, erhöhte Herzfrequenz, Unruhe, Kolik, Zittern, Taumeln u. a.
Sumpfschachtelhalm	nasse Wiesen	Alkaloide	Erregbarkeit, Zuckungen, Taumeln, niedriger Puls, Zusammenbruch, u. U. tödlich
Tollkirsche	Weiden	Alkaloide	trockene Schleimhäute, sehr weite Pupillen, erhöhte Herzfrequenz, Verstopfung, Kolik, Zittern, Taumeln u. a.
Wacholder	Strauch oder Baum	reizende Öle	Nierenschäden beim Verzehr großer Mengen
Wasser-Pferdesaat	Sumpfwiesen	ähnlich dem Giftwasserschierling	Koliken, starker Durchfall, Zusammenbruch, Krämpfe, u. U. tödlich
Wasserschierling	Sumpfwiesen	extrem wirksam	Die Aufnahme eines walnussgroßen Stückes Wurzel führt zum Tod. Starke Erregung wechselt mit ausgeprägter Teilnahmslosigkeit.
Zwiebel	Kulturpflanze	schädigt die roten Blutkörperchen	Blutarmut, Gelbsucht, rotbrauner Harn u. a.

Korrekt auf allen vier Beinen

Hufe

Gesunde Hufe sind wichtig für das Fluchttier Pferd: In der freien Wildbahn, um blitzschnell davonstürmen zu können, wenn Feinde nahen. In der Reitbahn, um die gewünschten Lektionen ohne Schmerzen ausführen zu können. Damit die Hufe gesund bleiben, müssen sie regelmäßig gepflegt werden. Hierzu gehört das tägliche Auskratzen und der Besuch des Hufschmieds – alle fünf bis sechs Wochen.

Beschlag

Unter einem Hufbeschlag versteht man das Anbringen von Hufeisen. Diese kommen unter den Huf des Pferdes, um ihn vor Abnutzung zu schützen. Hufeisen sind entweder aus Metall oder aus Kunststoff. Sie müssen gut angepasst werden, ansonsten drücken sie das Pferd, wie uns ein schlecht sitzender Schuh drückt. Nicht alle Pferde müssen beschlagen werden. Viele Ponyrassen haben so feste Hufe, dass sie auch „barfuß" bestens zurechtkommen. Ist das Horn zu weich oder wird es durch häufiges Laufen auf Asphalt strapaziert, muss das Pferd beschlagen werden. Beim Heißbeschlag wird das Eisen zum Glühen gebracht, damit es ganz genau auf den Huf angepasst werden kann. Schließlich ist es biegsam, wenn es heiß ist. Beim Kaltbeschlag werden vorgefertigte Eisen unter den Huf genagelt.

Alle fünf bis sechs Wochen kommt der Schmied vorbei.

Hufgeschwür

Ein Hufgeschwür ist eigentlich kein richtiges Geschwür, sondern eine Eiteransammlung im Inneren des Hufes. Diese kann durch verschiedene Auslöser entstehen: zum Beispiel Steinchen, die beim Hufeauskratzen nicht entfernt wurden und sich mit der Zeit immer tiefer in den Huf bohren. Aber auch das fehlerhafte Einschlagen eines Hufnagels kann ein Hufgeschwür verursachen. Plötzliches Lahmen ist oft ein Anzeichen für ein Hufgeschwür. Der Tierarzt drückt den Huf mit einer Hufzange ab, um die Stelle zu finden, wo sich der Eiter gesammelt hat. Dann wird die Hufsohle aufgeschnitten, damit der Eiter abfließen kann. Zum Ausheilen kommt ein desinfizierender Verband um den Huf.

Hufpflege

Zur Pflege der Hufe gehört das tägliche Auskratzen. Die Hufe werden immer vom Ballen in Richtung Zehen ausgekratzt. Dabei darf der Dorn des Hufauskratzers nur die Strahlfurche reinigen. Für die Hufsohle nimmst du eine harte Bürste, sie könnte sonst durch den Dorn des Hufauskratzers beschädigt werden. Auch das Fetten, Teeren und Ölen gehört zur Hufpflege. Allerdings sollte das immer in Absprache mit dem Hufschmied erfolgen. Zuviel des Guten kann ebenso schaden wie zu wenig Pflege. Es ist sehr wichtig, Pferdehufe zu pflegen.

Beim Reinigen der Strahlfurche werden Schmutz und kleine Steinchen vorsichtig entfernt.

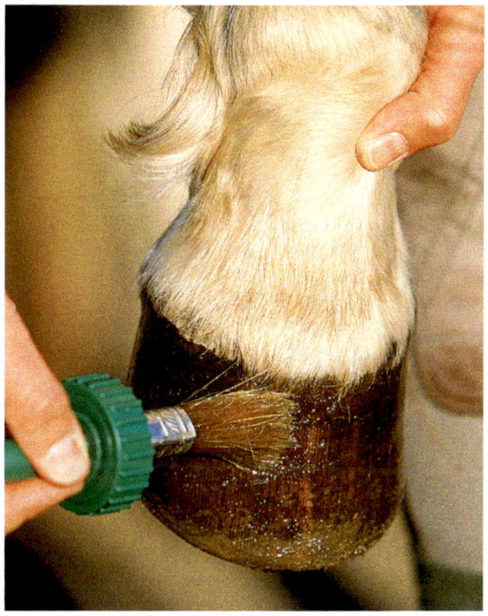

Sind die Hufe stark ausgetrocknet, kannst du sie auch einmal einölen.

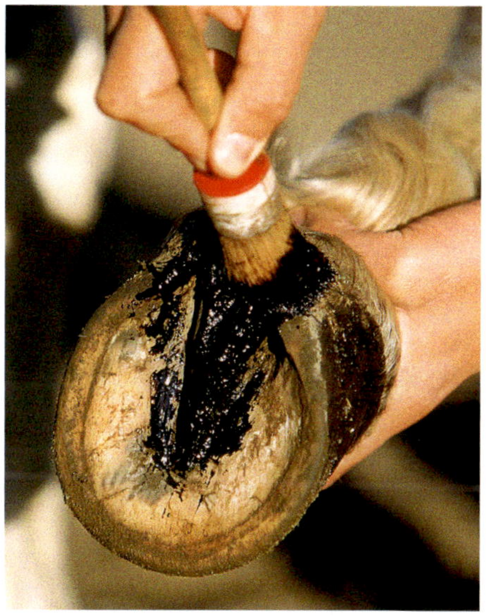

Teere die Hufe deines Pferdes nur, wenn es der Hufschmied ausdrücklich gesagt hat.

Wenn du sie vernachlässigst, kann dein Pferd richtig krank werden. Ohne regelmäßiges Kürzen werden Hufe schnell so lang, dass sie Sehnen und Bänder belasten. Auf Dauer entstehen sogar bleibende Schäden. Bei Wildpferden ist das etwas anderes. Sie laufen sich die Hufe von selbst ab. Das geschieht bei unbeschlagenen Reitpferden zwar auch, aber nicht in ausreichendem Maße. Beschlagene Pferde laufen sich den Huf gar nicht ab. Werden die Hufeisen nicht regelmäßig erneuert, wächst der Huf regelrecht aus dem Eisen heraus und das Pferd kann nicht mehr gut laufen. Das Eisen fällt irgendwann ab und hinterlässt eine geschädigte Hornstruktur.

Hufpfleger

Die individuelle Pflege des Pferdehufes ist die Aufgabe eines Hufpflegers. Im Gegensatz zum Hufschmied ist dieser Beruf nicht offiziell anerkannt. Es gibt keinen festgelegten Ausbildungsweg. Im Prinzip darf sich jeder Hufpfleger nennen. Das hat zur Folge, dass es gut ausgebildete und schlecht ausgebildete Hufpfleger gibt.

Hufschmied

Ein Hufschmied ist ein staatlich geprüfter Experte für Hufpflege. Er versteht sich auf Raspeln, Schneiden und Beschlagen. Außer normalen Hufeisen können Hufschmiede auch sogenannte Spezialeisen anbringen. Zu ihnen gehören beispielsweise Sliding-Eisen, mit denen Westernpferde beim Stoppen aus dem Galopp besonders weit über den Sand gleiten können. Aber auch medizinische Eisen, die Pferde mit Hufkrankheiten entlasten.

Hufschuh

Hufschuhe sind Überschuhe aus Kunststoff oder Gummi, die den Huf des Pferdes vor Abnutzung schützen sollen. Sie gelten als Alternative zum Hufeisen, wenn das Pferd nur zeitweilig Belastungen ausgesetzt ist, die ein Eisen erforderlich machen würden, zum Beispiel gelegentliches Kutschefahren auf Asphalt oder Geländeritte am Wochenende. Hufschuhe müssen genau passen, ansonsten bleiben sie im nächsten Matschloch stecken.

Die Ausrüstung eines Hufschmieds: Raspeln, Hufzangen, Hufmesser und ein spezieller Hammer.

Kardätsche, Striegel, Schwamm

Pferdepflege

Tägliche Pferdepflege ist ein fester Bestandteil des Reiterlebens. Das Pferd wird vor dem Reiten geputzt und auch nach getaner Arbeit nochmals „nachbehandelt". Das Putzen beginnt immer mit dem Auskratzen der Hufe. Danach geht es von der linken Seite des Pferdes (Hals, Rücken, Bauch, Kruppe) auf die rechte. Der Kopfbereich und die Beine werden mit besonders sanften Bürsten gereinigt. Und auch Mähne und Schweif bedürfen besonderer Aufmerksamkeit.

Abspritzen

Nach einer Belastung sollten Pferdebeine mit einem Wasserschlauch abgespritzt werden. Du kannst das auch mit Eimer und Schwamm machen – das spart Wasser. Im Sommer können ruhig die ganzen Beine bis zum Bauchansatz gekühlt werden. Im Winter spritzt man nur die unteren Bereiche ab, damit sich das Pferd nicht erkältet. Das Abspritzen regt die Durchblutung an und ist sehr gesund für Muskeln, Sehnen und Gelenke.

Gesichtspflege

Pferde brauchen zwar keine teuren Gesichtscremes, aber trotzdem sollte ihr Gesicht regelmäßig gepflegt werden. Am besten nimmst du hierzu eine kleine Bürste mit weichen Borsten. Damit kann man sanft das Fell auf dem Nasenrücken, rund um die Augen und an den Seiten bürsten. Augenwinkel und Nüstern werden vorsichtig mit einem feuchten Schwamm gereinigt. Jedes Pferd sollte einen eigenen Pflegeschwamm haben, weil sich ansonsten leicht Krankheiten übertragen können.

Mähne und Schweif

Solch eine lange Mähne bedarf besonders aufwendiger Pflege.

Wer schöne Mähnen und Schweife mag, sollte das Langhaar des Pferdes besonders sorgfältig pflegen. Um möglichst wenig Haare auszureißen, sortierst du sie am besten mit den Fingern vor. Das nennt man auch Verlesen. Anschließend bürstest du das Haar mit einer mittelharten Bürste vorsichtig durch. Leistet das Haar hierbei zu viel Widerstand, kann man ein Fellpflegespray aufsprühen und schon gleitet die Bürste ganz leicht hindurch.
Es gibt einige Dinge, die bei der Mähnen- und Schweifpflege unbedingt vermieden werden sollten:

- Nie Bürsten mit harten, scharfkantigen Borsten verwenden. Sie beschädigen das Haar oder reißen es aus.
- Nie zu viel Öl in das Haar geben. Eine kleine Menge Öl kann für einen seidigen Glanz und Geschmeidigkeit sorgen. Zu

Diese Welsh Pony-Stute genießt das Bürsten während des Fellwechsels so, dass sie es sich sogar im Liegen gefallen lässt.

Wenn du vorher etwas Mähnenspray in das Haar gibst, lässt es sich ganz leicht ausbürsten.

Der Schweif sollte besonders vorsichtig gebürstet werden. Es dauert lange, bis ausgerissene Haare wieder nachwachsen.

In manchen Ställen gibt es spezielle Putzboxen, in denen die Pferde auf Hochglanz gebracht werden.

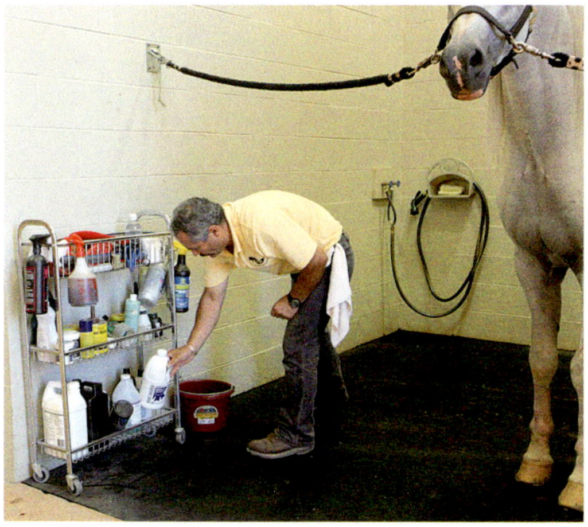

Wenn du zu klein bist, um überall dran zu kommen, lass dir von einem Erwachsenen beim Putzen helfen.

viel davon beschwert jedoch das Haar und zieht außerdem Schmutz an.

- Zu häufiges Waschen macht Mähnen- und Schweifhaar spröde. Wenn das Haar gewaschen wird, auf jeden Fall ein hochwertiges Pflegeshampoo für Pferde verwenden – kein Shampoo für Menschen.

Putzzeug

Jedes Pferd hat eine eigene Putzkiste. Wenn viele Pferde mit denselben Bürsten gepflegt werden, können sich Hautkrankheiten übertragen. In dieser Putzkiste sind viele Einzelteile. Hier die wichtigsten:

- Hufauskratzer: das Auskratzen der Hufe ist der tägliche Auftakt des Pferdeputzens.
- Gummistriegel: Mit ihm massierst du den Pferdekörper in kreisenden Bewegungen. Das löst groben Schmutz und Staub. Außerdem ist diese Massage gut für die Muskulatur. Nicht an den Beinen anwenden.
- Wurzelbürste: Zur groben Schmutzentfernung sind die harten Borsten gut geeignet. Allerdings dürfen sie nicht an knochigen und empfindlichen Stellen zum Einsatz kommen. Das wäre unangenehm für das Pferd. Die meisten Wurzelbürsten sind zu hart für die Mähne. Für sie solltest du eine spezielle Mähnenbürste nehmen. Der Schweif wird mit der Hand verlesen (entwirrt), damit möglichst keine Haare ausreißen.
- Massage- oder Nadelstriegel: Er bildet gemeinsam mit der Wurzel-Kardätsche mit synthetischen Borsten ein tolles Team. An ihm kannst du die Wurzel-Kardätsche nach jedem zweiten oder dritten Bürstenstrich abstreifen und sie auf diese Weise von Schmutz und Staub befreien.
- Kardätsche: Die weichen Borsten der Kardätsche entfernen Staubreste aus dem Fell und verleihen dem Haar einen schönen Glanz. Auch knochige und empfindliche Körperstellen wie die Beine oder der Bereich unter dem Bauch sollten mit einer Kardätsche gereinigt werden. Nach jedem zweiten oder dritten Bürstenstrich am Striegel abstreifen!
- Schweißmesser: Eigentlich sollten nass geschwitzte Pferde nach der Arbeit trocken geritten werden. Anschließend kann man den angetrockneten Schweiß einfach ausbürsten. Wird er jedoch mit Eimer und Schwamm abgewaschen, kannst du das nasse Fell mit dem Schweißmesser abziehen (immer in Fellwuchsrichtung!).
- Mähnenkamm: Du möchtest Schweif und Mähne einflechten? Dann kann der Mähnenkamm gute Dienste leisten. Mit ihm lässt sich das Haar in einzelne Strähnen einteilen.

Scheren

Pferde, die zu viel Fell haben, können überhitzen. Um das zu verhindern, kannst du dein Pferd scheren. Dabei gibt es einiges zu beachten. Ein geschorenes Pferd muss bei kalter Witterung eine Decke tragen, damit es sich nicht erkältet. Ungeschorene Pferde können ohne Decke im Auslauf stehen.
Aber man muss auch nicht das ganze Pferd scheren. Viele Freizeitreiter scheren ihren Pferden sogenannte Rallyestreifen. Das sind Streifen an Brust, Hals und Seiten, wo Pferde besonders schnell schwitzen. So trocknet das Fell nach getaner Arbeit ruck, zuck. Bei einem ungeschorenen Pferd mit langem Fell kann das Trockenreiten ganz schön lange dauern.

Wenn du nicht genau weißt, wie man ein Pferd putzt, frage einen Erwachsenen um Rat.

Klassisch oder ganz modern?

Rund um den Sattel

Es gibt ebenso viele Sättel wie Reitweisen. Während Dressurreiter auf schlichte Eleganz setzen, legen Westernreiter mitunter Wert auf Silberbeschläge und andere aufwendige Dekorationen. Bei Distanz- und Rennsätteln geht es um ein möglichst geringes Gewicht, und beim Barocksattel soll der Glanz vergangener Zeiten erneut erstrahlen. Was aber bei allen Sätteln das Allerwichtigste ist: Sie müssen dem Pferd passen und genau auf die Ansprüche des Reiters abgestimmt sein.

Barocksattel

Die klassisch-barocke Reitweise ist in den letzten Jahren immer mehr in Mode gekommen. Zu ihr gehören nicht nur das Wissen um die Reitkunst des 17. Jahrhunderts, sondern auch spezielle Pferderassen und passendes Equipment. So erinnern Form und Verzierung der Barocksättel oft an Kostümfilme. Sie müssen jedoch auch genau auf den Körperbau typisch barocker Pferderassen abgestimmt sein. Zu diesen gehören Kladruber, Lipizzaner und Lusitanos, die oft wenig Widerrist, dafür aber einen sehr runden Rippenbogen haben. Gute Barocksättel sind genau an diesen Körperbau angepasst.

Distanzsattel/Wanderreitsattel

„Bequem für Pferd und Reiter" lautet das Motto guter Distanz- und Wanderreitsättel. An sie werden enorme Ansprüche gestellt, weil sie viele Stunden lang auf dem Pferderücken liegen. Damit in dieser Zeit keine Druckstellen entstehen, muss der Sattel das Reitergewicht optimal auf dem Pferderücken verteilen. Und dabei dürfen solche Hochleistungssättel auch nicht schwer sein. Jedes Gramm zu viel stellt eine zusätzliche Belastung für das Pferd dar. Distanz- und Wanderreitsättel haben oft auch spezielle Steigbügel, in die der Reiter besonders leicht hinein und wieder hinaus kommt.

Distanzsättel sind relativ leicht und haben eine große Auflagefläche.

Dressur-, Spring- und Vielseitigkeitssattel

In der sogenannten Englischen Reitweise gibt es unterschiedliche Disziplinen, die ganz unterschiedliche Sättel erforderlich machen. Im Dressursport sieht man auffallend lange Sattelblätter, das sind die Bereiche, auf denen die Beine des Reiters ruhen. Auch ist der tiefste Punkt der Sitzfläche so ausgerichtet, dass der Reiter sein Pferd bei der Ausübung der Dressuraufgaben möglichst wenig behindert, dafür aber genaue Gewichtshilfen geben kann. Springsättel haben kürzere Sattelblätter, die auch nicht gerade nach unten zeigen, sondern leicht nach vorne verlagert sind. Sie sind optimal auf den Springsitz ausgerichtet. Der ist durch kurz geschnallte Bügel und einen leichten Sitz gekennzeichnet. Der Reiter hebt sich während des Sprungs aus dem Sattel, um das Pferd zu entlasten. Springsättel sollen dem Reiter zusätzlichen Halt geben. Freizeitreiter entscheiden sich oft lieber für einen Vielseitigkeitssattel als für einen Disziplinsattel. Vielseitigkeitssättel eignen sich sowohl für leichten Dressur- als auch für leichten Springsport. Außerdem sind sie eine gute Lösung für Geländeritte, wo ein Dressursattel weitaus weniger Halt geben würde.

Dressursättel haben lange, gerade Sattelblätter.

Rennsattel

Auf der Rennbahn zählt Geschwindigkeit. Und diese darf keinesfalls von einem Rennsattel beeinträchtigt werden. Deshalb sind diese Sättel vor allem flach und ganz leicht. Für normale Freizeitreiterei sind Rennsättel nicht zu gebrauchen – außer du möchtest den Ausritt über dem Pferd stehend genießen. Zum Sitzen taugen diese Sättel überhaupt nicht.

Ein Rennsattel

Spanischer Sattel

Auch wenn es auf den ersten Blick nicht so aussieht: Spanische Sättel haben eine ganze Menge mit Westernsätteln zu tun. Die Sättel der Cowboys entstanden nämlich aus den Sätteln spanischer Eroberer. Westernsättel aus dem 19. Jahrhundert erinnern von der Form her an Vaquero-Sättel – die Sättel der spanischen Rinderhirten. Moderne spanische Sättel verraten noch immer ihren Ursprung: die Arbeitsreitweise. Sie geben dem Reiter durch ihre vorne und hinten erhobene Form und Breite Halt und verteilen sein Gewicht gut auf dem Pferderücken. So kann das Pferd länger eingesetzt werden, ohne zu ermüden.

Spanische Sättel sind hinten sehr hoch und geben dem Reiter Halt.

Hirtensattel und Stocksattel

Hirtensättel sind nach wie vor vielerorts im Einsatz. Zum Beispiel in Italien, wo die Butteri ihre Maremmen-Pferde mit handgearbeiteten Meisterwerken satteln. Aber auch in Frankreich, Spanien, Südamerika und vielen anderen Ländern sind die breiten, bequemen Sättel oft zu sehen. Sie sind für stundenlanges Arbeiten ausgelegt.
Stundenlang kann man auch mit einem australischen Stocksattel reiten. Für Pferde mit einem komplizierten Rücken stellen sie oft eine gute Alternative zum Englisch- oder Westernsattel dar. Stocksättel bieten eine große Auswahl an Kammerweiten und sind mit einem mit Wolle gefüllten Kissen gepolstert.

Hirtensättel müssen bequem sein, weil ihre Reiter den ganzen Tag lang in ihnen sitzen.

Westernsattel

Man muss kein Cowboy sein, um sich in einen Westernsattel zu verlieben. Seine Qualitäten überzeugen auch immer mehr Reiter, die mit Western-Flair sonst nichts am Hut haben: Komfort, gute Passform, Stabilität. Wenn's der richtige ist, hält die Bindung ein Pferdeleben lang. Eigentlich sind Westernsättel ähnlich strukturiert wie Gepäcksättel. Sie haben sich aus den Kriegssätteln der spanischen Konquistadoren entwickelt. Die Sättel durchliefen mehrere Entwicklungsstufen bis hin zum Vaquero-Modell, das im 19. Jahrhundert in Kalifornien von Viehhirten genutzt wurde. „Schon damals hatten die Sättel mehrteilige Holzbäume. Diese waren mit Rohhaut überzogen, um das Holz witterungsbeständiger und stabiler zu machen", erklärt der Fachmann. Holzbäume mit Rohhautüberzug gibt es auch heute noch. Allerdings sind inzwischen weitere Varianten dazugekommen: Holzbäume haben nun oft einen Fieberglasüberzug. Auch Kunststoffbäume sind stark verbreitet.

Ein aufwendig verzierter, antiker Westernsattel

Ein arabischer Sattel

Zu jedem Sattel gehören auch eine passende Sattelunterlage und ein Sattelgurt. Hier gibt es noch mehr verschiedene Sorten als bei Sätteln. Welche Form und welches Material am besten zu deinem Sattel passt, kannst du im guten Reitsportgeschäft erfragen. Unter Englische Sättel kommen meistens klassische Satteldecken oder Schabracken. Unter Westernsätteln liegen Pads. Sattelgurte mit elastischen Strippen sind momentan auf dem Vormarsch, weil sie das Pferd weniger einzwängen als Sattelgurte mit festen Strippen.

Damensättel gab es schon im Mittelalter. Damals lag der Reiz des Damensattels allerdings noch nicht in seiner unvergleichlichen Eleganz begründet. Er war vielmehr das Ergebnis eines inzwischen längst überholten Frauenbilds. Es gab nur eine Art und Weise, in der sich Damen hoch zu Ross zeigen durften: mit beiden Beinen auf einer Seite des Pferdes und keinesfalls rittlings, was als unanständig galt.

Kunststück!

Eleganz im Damensattel

Traditionell trägt man im Damensattel einen langen Reitrock.

Somit spiegelte der Damensattel die gesellschaftliche Stellung der Frau. Nichts ging ohne Mann: Die Frühform des Damensattels ermöglichte es nämlich nicht, vom Rücken des Pferdes aus Einfluss auf das edle Ross zu nehmen. Die berittene Damenwelt musste behutsam am Zügel geführt werden und sich während des Ausritts voll und ganz in die vertrauensvollen Hände ihres männlichen Begleiters begeben.

Der moderne Damensattel, der sich im Laufe der folgenden Jahrhunderte entwickelte, brachte den Frauen mehr Freiheit. Diese Sättel ermöglichten es der Reiterin, selbst Einfluss auf das Pferd zu nehmen und ganz gezielte Hilfen zu geben. Endlich konnte auch das weibliche Geschlecht ohne männliche Unterstützung hoch zu Ross die Natur erkunden oder durch den Park flanieren.

Auf der Jagd

Im 19. Jahrhundert erlebte die Damensattel-Kultur einen Aufschwung. Bei den Damen der feinen Gesellschaft wurde es Mode, im Damensitz an Jagden teilzunehmen und auf einem temperamentvollen Pferd einer Hundemeute zu folgen. Diese Entwicklung stellte alte Männertraditionen auf den Kopf.

Sissi, die berühmte Kaiserin von Österreich, war eine der ersten Frauen, die für Gleichberechtigung auf dem Pferderücken kämpfte. Sie forderte außerdem stabilere und sicherere Sättel für Reiterinnen.

Damensattelreiten sieht sehr elegant aus.

Der Höhepunkt

In den 20er- und 30er-Jahren des 20. Jahrhunderts erreichte der Damensattel-Kult seinen Höhepunkt. Die Popularität währte bis zu Beginn des Zweiten Weltkriegs. Inzwischen hatte sich eine erfolgreiche Branche entwickelt, die hochwertige Damensättel produzierte. Sattlermeister

Im Damensattel kann man richtig Dressur reiten.

Eine Reitgerte ersetzt den Schenkel.

fertigten die Sättel auf Maß, damit sie Pferd und Reiterin passten. Eine Dame mit mehreren Pferden verfügte in der Regel über ebenso viele Sättel.
Es gab Trainingsställe, in denen Pferde speziell für die Reitweise im Damensitz ausgebildet wurden. Diese Aufgabe übernahmen natürlich wiederum ausnahmslos männliche Ausbilder.

Umgesattelt!

Der Zweite Weltkrieg brachte abgesehen von seinen verheerenden Auswirkungen auf das Wohl der Menschheit auch eine strikte Reglementierung des Jagdwesens mit sich. Da sich der Gebrauch der Damensättel damals noch immer auf dieses Gebiet konzentrierte, sank die Nachfrage, und viele der kunstvoll verarbeiteten Sättel verschwanden auf staubigen Dachböden und in alten Scheunen.
Nach dem Zweiten Weltkrieg hatte sich erneut ein Wandel der gesellschaftlichen Stellung der Frau vollzogen. Reiterinnen wie die berühmte Springreiterin Pat Smythe nahmen wie selbstverständlich auf „ganz gewöhnlichen" Sätteln Platz und konkurrierten auf Turnieren mit männlichen Teilnehmern – rittlings versteht sich. Niemand nahm Anstoß an den Hosen tragenden Reiterinnen. Im Gegenteil: Dieser Anblick wurde zur Normalität. War der Damensattel nun dazu verdammt, in Vergessenheit zu geraten? Nicht ganz. Obwohl während des Krieges viele Damensättel zerstört wurden, gab es einige Reiterinnen, die nicht von ihnen lassen wollten.

Die Side Saddle Association

Das Zentrum der Damensattel-Liebhaberinnen liegt in England. Dort wurde im Jahre 1974 die „Ladies' Side Saddle Association" gegründet, die kurz darauf in „Side Saddle Association" umbenannt wurde. Wer ein aktives Mitglied der Vereinigung trifft, wird seine Augen erst einmal bewundernd über die historisch anmutende Kleidung der Reiterin gleiten lassen. Das reiterliche Outfit orientiert sich an britischer Jagdkleidung im Stil der 20er-Jahre und die war wunderschön.

Kandare, Trense & Co.

Rund ums Zaumzeug

Zaumzeuge bestehen aus vielen Riemen und Schnallen. An den meisten ist auch ein Gebiss befestigt. Es gibt aber auch gebisslose Zäumungen. Die Vielfältigkeit von Zaumzeugen ist ähnlich groß wie die der Sättel. Es gibt englische Zäumungen, Westerntrensen, spanische Kopfstücke, Trensen für den Distanzsport und vieles mehr. Es kommt eben immer darauf an, was du mit deinem Pferd machen möchtest.

Englisches und Hannoversches Reithalfter

Im Springsport sieht man oft Mexikanische Reithalfter. Sie verlaufen kreuzförmig über dem Nasenrücken.

In der Dressurausbildung werden gerne Englische Reithalfter genommen.

Reithalfter können mit Trensen kombiniert werden. Sie sollen die Wirksamkeit der Zügelhilfen unterstützen, indem sie verhindern, dass das Pferd sein Maul öffnet. Beliebt ist das Englische Reithalfter. Es verläuft oberhalb des Gebisses und lässt dem Pferd relativ viel Freiheit. Das Hannoversche Reithalfter verläuft unterhalb des Gebisses. Es verhindert das Öffnen des Mauls komplett und engt die Atmung ein, wenn es zu eng verschnallt wird. Bei Springpferden sieht man auch oft das mexikanische Reithalfter. Es hat zwei Riemen, die sich über dem Nasenbein des Pferdes kreuzen. Kombinierte Reithalfter sind eine Kombination aus einem Englischen Reithalfter und einem zweiten Riemen, dem sogenannten Sperr- oder auch Pullerriemen. Er wird unter dem Gebiss verschnallt.

Kandarenzaum

Im Dressursport werden viele Pferde auf Kandarenzaum geritten. Hier gibt es nicht nur ein Gebiss im Pferdemaul, sondern gleich zwei: ein Kandarengebiss (ungebrochen) und eine Unterlegtrense (gebrochenes Ringgebiss). Zum Kandarengebiss gehört eine Kinnkette. Ein guter Reiter kann seine Hilfengebung mit einem Kandarenzaum verfeinern. In ungeübte Hände gehört diese Zäumung nicht.

Kappzaum

Leicht und im Nasenbereich nicht zu stark gepolstert sollte ein guter Kappzaum sein. Das mag auf den ersten Blick genau dem widersprechen, was man so oft in Reitställen sieht, und doch schwören Reitmeister wie Richard Hinrichs auf die klassische Variante ohne viel Schnickschnack. Die

Ein Kappzaum ist ein Ausbildungszaum, der vor allem bei der Bodenarbeit zum Einsatz kommt.

Dieses Pferd trägt eine Trense mit kombiniertem Reithalfter.

meisten im Handel erhältlichen Kappzäume haben diese Eigenschaften nicht. Sie sind schwer, unhandlich, bei starker Polsterung im Nasenbereich nahezu unwirksam und weder für den Ausbilder noch das Pferd ideal. Vorzuziehen sind leichte Kappzäume, deren Backenstücke relativ weit hinten verlaufen. So ist gewährleistet, dass das äußere Backenstück auch bei einem kräftigeren Zug an der Longe nicht auf das äußere Auge des Pferdes gezogen wird. Die Backenstücke sollten zusätzlich unterhalb der Ganaschen des Pferdes durch einen fest angezogenen Querriemen fixiert werden.
Der ideale Kappzaum soll eine gezielte Einwirkung auf den Nasenrücken des Pferdes ermöglichen. Somit ist der Kappzaum das optimale Hilfsmittel, wenn es um Führen, Longieren oder die Arbeit an der Hand geht.

Der sogenannte Pullerriemen soll verhindern, dass sich das Pferd durch Öffnen des Mauls den Hilfen entzieht.

Trense

Es geht auch ohne Nasenriemen.

Eine Trense besteht aus einem Genickstück und Backenstücken, Stirn- und Kehlriemen. Das Gebiss wird durch Genick- und Backenstücke gehalten. Der Kehlriemen ist vor allem dazu da, den Sitz der Trense zu stabilisieren. Er sollte nicht zu fest geschnallt werden. Deine Faust muss noch zwischen Kehlriemen und Unterseite des Pferdekopfes passen. Trensen werden oft durch Reithalfter ergänzt, die verhindern sollen, dass das Pferd sein Maul öffnet, um sich der Zügelhilfe zu entziehen.

Gebisslose Zäumung

Ein Bosal – auch Hackamore genannt – ist eine gebisslose Zäumung.

Manche Reiter verzichten ganz bewusst darauf, ihr Pferd mithilfe eines Gebisses zu reiten. Sie bevorzugen gebisslose Zäumungen wie das Sidepull oder das Bosal. Immer wieder sieht man auch mechanische Hackamores, gebisslose Zäumungen mit langen Metallstangen an beiden Seiten. Sie funktionieren durch Druck auf das Genick, das Nasenbein und den Unterkiefer. Solche Hackamores sind extrem scharf und können einem Pferd große Schmerzen zufügen. Echte Pferdefreunde greifen da lieber zu Bosal oder Sidepull und steuern ihre Pferde vor allem über Gewichtshilfen. Geübte Reiter können ihr Pferd aus dem Galopp anhalten, ohne dabei die Zügel zur Hilfe nehmen zu müssen.

Westerntrense

Im Westernreitsport gibt es nicht nur aufwendig gearbeitete Sättel, sondern auch viele verschiedene Zäumungen. Angefangen vom einfachen Arbeits-Kopfstück aus derbem Leder bis hin zu silberbeschlagenen Einohrtrensen, mit denen man auf dem Turnier für Aufsehen sorgt. Westernzäumungen verzichten in der Regel auf einen Nasenriemen. Das Pferd soll seine Kiefer frei bewegen können.

Liegt gut im Maul

Gebisse

Einfach oder doppelt gebrochen, Stange oder Bogen ... Es gibt unzählig viele Gebisse mit ganz unterschiedlichen Funktionen. Einige sind für das Pferd weich und angenehm, andere scharf. Das hat nichts mit Chili zu tun. Scharf ist ein Gebiss, das dem Pferd große Schmerzen zufügen kann. So etwas sollte natürlich vermieden werden. Ein gutes Gebiss passt genau ins Pferdemaul und ist auf den Ausbildungsstand von Pferd und Reiter abgestimmt.

Wassertrense

Wassertrensen werden auch als Ringtrensen bezeichnet und sind die beliebtesten Gebisse. Es gibt Wassertrensen aus Metall und auch aus Kunststoff. Spezielle Metallsorten sorgen dafür, dass das Pferd mehr Speichel bildet und gerne auf dem Gebiss herumkaut. Die Wirksamkeit dieses Gebisses erstreckt sich auf Maulwinkel, Laden und Zunge. Einfach gebrochenes Modell oder doppelt gebrochenes? Das hängt ganz vom Pferd ab. Junge Pferde nehmen ein doppelt gebrochenes Gebiss oft lieber an als ein einfaches. Die Ringe der Wassertrense können unterschiedliche Formen haben. Es gibt kreisrunde, D-förmige und ovale.
Einfach gebrochene Trensenmundstücke mit einem dicken Mittelgelenk können Druck auf Zunge und Gaumen ausüben. Das kann Schmerzen verursachen. Bei doppelt gebrochenen Gebissen übt das Mittelgelenk keinen Druck auf Zunge und Gaumen aus. Es passt sich der Zungenrundung an. So besteht keine Gefahr, dass der Unterkiefer eingeklemmt wird.

Stangengebiss

Ungebrochene Trensengebisse liegen wie eine Stange im Pferdemaul. Sie wirken ausschließlich auf Maulwinkel und Zunge. Pferde mit empfindlichen Mäulern oder mit Maulproblemen kommen manchmal besonders gut mit diesem Modell zurecht. Es gibt Stangen aus Metall und welche aus Kunststoff.

Pelham

Einige Springreiter verwenden gerne Pelhams, in die zwei Zügelpaare geschnallt werden können. Leider aus dem Grund, weil sie die Schärfe des Gebisses einsetzen, um ihr heiß gerittenes Pferd zwischen den Sprüngen zu kontrollieren. Dieses Gebiss ähnelt der Kandare mit Unterlegtrense, allerdings ist es beides in einem. Trensen- und Kandarenwirkung können einzeln oder auch kombiniert eingesetzt werden. Da Pelhams mit seitlichen Anzügen und einer Kinnkette ausgestattet sind, ist ihre Wirkung wesentlich stärker als die einer Trense.

Spezielle Metalllegierungen sollen den Speichelfluss des Pferdes anregen.

Eine Kandare mit Unterlegtrense

Ein Fahrgebiss

Ein Snaffle Bit

Schenkeltrensen

Schenkeltrensen sind Gebisse, die seitlich des Mauls Stäbe haben. Diese verhindern das Durchziehen des Gebisses und schützen das Maul vor Einklemmungen. Ein kleiner Ledersteg am Backenstück dient dazu, den Stab leicht schräg zur Maulspalte zu fixieren. Auf diese Weise wird eine Drehung des Gebisses beim Annehmen der Zügel verhindert.

Eine Westernkandare

Snaffle Bit

Was exotisch klingt, ist nichts anderes als die Wassertrense der Westernreiter. Sie bilden ihre jungen Pferde auf dem einfach gebrochenen Snaffle Bit aus. Westerngebisse sind dünner als die meisten klassischen Gebisse. Da beim Westernreiten aber keine ständige Anlehnung wie beim Englischreiten besteht, sondern am losen Zügel geritten wird, wirkt das Gebiss nicht scharf ein. Snaffle Bits mit Kupfereinlagen fördern den Speichelfluss des Pferdes und werden besonders gut angenommen. Es gibt auch Westerngebisse, die komplett aus einem speziellen Metall gefertigt wurden, das Pferde zum Kauen anregt. Viele Westernreiter schwören auf Sweet Iron (das süße Eisen).

Snaffle mit Shanks

Hier haben wir es mit einer Western-Wassertrense zu tun, die seitliche Hebel hat. Ein Snaffle mit Shanks ist einfach gebrochen. Es wird dann eingesetzt, nachdem sich das Jungpferd bereits an das einfache Snaffle Bit gewöhnt hat. Die drehbaren Kandarenanzüge sind am unteren Ende mit einer Stange verbunden.

Westernkandaren

Westernreiter bezeichnen eine Kandare mit geradem Mundstück als Straight Bar Bit. Kandaren mit flacher Zungenfreiheit heißen Low Port Bit; mit hoher Zungenfreiheit nennt man sie High Port Bit. Eine Spezialform der Westernkandare ist das California Spade Bit, eine schwere Kandare mit Gaumenlöffel, Kupferrollen und Spiralen. Es soll alleine durch sein Eigengewicht für eine schöne Aufrichtung des Pferdes sorgen.

TIPP

Wenn du überprüfen willst, ob ein Gebiss auch richtig im Maul des Pferdes sitzt, zähle die kleinen Falten oberhalb des Maulwinkels. Es sollten maximal anderthalb sein, ansonsten sitzt das Gebiss falsch. Liegt es zu hoch, bilden sich mehr Maulfalten. Schlägt es gegen die Zähne, sitzt es zu tief. Ein optimaler Sitz ist wichtig, weil nur so die Zügelhilfen wie gewünscht im Maul ankommen.
Du solltest die Verbindungsgelenke des Gebisses von Zeit zu Zeit überprüfen. Manchmal leiern sie aus und bilden scharfe Kanten, an denen sich das Pferd verletzen kann. Solch ein Gebiss muss sofort aussortiert werden.

Luft zum Atmen lassen

Hilfszügel

Hilfszügel sind ein heiß diskutiertes Thema in der Reiterei. Die einen halten sie für durchaus nützlich, die anderen sehen in ihnen ein geradezu gefährliches Instrumentarium. Eines ist jedoch sicher: Hilfszügel sollten nur ganz gezielt, zeitlich begrenzt und von erfahrenen Reitern eingesetzt werden. Denn nur dann können Quälereien des Pferdes ausgeschlossen werden.

Ausbinder

Ausbinder sind circa 90 Zentimeter lang und aus Leder. Sie werden zwischen den Trensenringen und dem Sattelgurt verschnallt. In der Mitte jedes Ausbinders ist ein Gummiring, der leicht gedehnt werden kann. Ausbinder sollen die Beizäumung des Pferdes aufrechterhalten, wenn es an der Longe geht oder an der Hand gearbeitet wird (Beizäumung = wenn das Pferd seinen Hals rund macht und seine Nasenlinie senkrecht zu Boden zeigt). Auch Voltigierpferde werden ausgebunden, damit ihr Rücken schön gleichmäßig schwingt, während die Turnerinnen ihre Kunststücke zeigen. Auf dem Zirkel muss der innere Ausbinder immer ein bis zwei Loch kürzer verschnallt werden als der äußere. So biegt sich das Pferd.

Chambon

An der Longe verwenden manche Ausbilder gerne einen Chambon (ausgesprochen: Schombon). Dieser Korrekturzügel wirkt vor allem auf das Genick des Pferdes, wenn dieses den Kopf hebt. Der Chambon bewirkt, dass das Pferd den Hals fallen lässt und sich nach vorne streckt. Viele halten es für gut, dieses Ziel durch Genickeinwirkung anzustreben und nicht ständig am Maul zu arbeiten. Ein Chambon hilft auch bei Pferden, die zum hohen Herausheben des Kopfes neigen.

Hilfszügel sollten nur zeitweilig und unter Aufsicht eines Reitlehrers eingesetzt werden.

Gogue

Wenn Springpferde ihren Kopf allzu hoch in die Luft recken, kommt gelegentlich der Gogue (ausgesprochen: Gohg) zum Einsatz. Dieser Hilfszügel ist eine Variante des Chambons. Der Gogue endet nicht an den Trensenringen, sondern wird durch sie hindurchgeführt, um schließlich an den Zügeln oder dem Stoßriemen zu enden. Nimmt das Pferd den Kopf hoch, übt der Gogue gleichzeitig Druck auf Maul und Genick aus.

Köhlerzügel

Der Köhlerzügel ist die entschärfte Variante des Schlaufzügels. Im Gegensatz zum Schlaufzügel hält der Reiter den Hilfszügel nicht in der Hand. Er ist etwa in der Mitte der Zügel befestigt und bewegt sich folglich parallel zu den Zügelhilfen. Dennoch wird auch der Köhlerzügel von den meisten Ausbildern eher kritisch gesehen, weil er zu einer groben Hilfengebung führt.

Martingal

Ein Ringmartingal ist ein y-förmiger Hilfszügel. Es wird am Sattelgurt des Pferdes befestigt und führt zwischen seinen Vorderbeinen hindurch, hinauf zu den Zügeln. Diese werden durch die am Martingal befindlichen Ringe geführt und wieder miteinander verbunden. An der Gabelung hält ein um den Hals des Pferdes befestigter Lederriemen das Martingal in Position. Mithilfe des Martingals soll heftiges Kopfschlagen verhindert werden. Es erfreut sich besonders bei Jagd- und Springreitern großer Beliebtheit. Ein Martingal sollte immer

Ein Martingal soll das Hochreißen des Pferdekopfes verhindern.

so verschnallt werden, dass kein Knick in den Zügeln entsteht, wenn du sie annimmst. Ansonsten würde das Martingal die Zügeleinwirkung verfälschen.

Schlaufzügel

Er gilt als höchst umstritten, denn wenn Schlaufzügel nicht richtig eingesetzt werden, können sie dem Pferd erheblich schaden. Dieser Hilfszügel wurde einst vom Herzog von Newcastle entwickelt, der selbst sehr brutal damit umgegangen sein soll. Schlaufzügel haben eine Länge von über zwei Metern. Sie führen vom Sattelgurt aus unter der Brust des Pferdes zwischen seinen Vorderbeinen durch. Dann werden sie von innen nach außen durch die Trensenringe geführt und von der Reiterhand gehalten. Wer den Schlaufzügel benutzt, um eine Beizäumung zu erzwingen, quält sein Pferd. Der einzige Sinn und Zweck des Schlaufzügels ist es, die Vorwärts-Abwärts-Tendenz des Pferdes zu fördern. Das heißt, es soll Kopf und Hals beim Reiten lang nach vorne und in Richtung Boden strecken. Auch beim Longieren kann ein Schlaufzügel nützlich sein, um Anlehnung und Streckung gleichermaßen zuzulassen.

Stoßzügel

Ein Stoßzügel führt von den durch einen Steg verbundenen Trensenringen des Gebisses durch die Vorderbeine des Pferdes hindurch zu seiner Befestigung am Sattelgurt. Er soll verhindern, dass das Pferd seinen Kopf zu weit nach oben bringt. Im Gegensatz zum Ausbinder engt er die Biegung der Hals-Kopf-Partie weniger stark ein. Stoßzügel sieht man oft bei Poloponys, dem Barrel Race (Tonnenrennen) und auch bei den Pferden berittener Viehhirten.

Manche Stoßzügel wirken auf den Nasenrücken des Pferdes.

Hier siehst du, wie grob manche Reiter mit Hilfszügeln umgehen.

Macht die Knochen stärker

Beinschutz

Pferdebeine sind empfindlich. Deshalb müssen sie geschützt werden, wenn ein Verletzungsrisiko besteht. Das ist beim Springen, auf der Jagd, beim Geländeritt und auch beim Transport mit dem Pferdehänger der Fall. Aber auch Western- und Dressurpferde sollten bei anspruchsvollen Lektionen stets einen Beinschutz tragen. Es gibt für jede Disziplin das richtige Beinkleid. Es schützt vor äußeren Verletzungen. Dass Bandagen auch einen stützenden Effekt haben, ist umstritten. Auf jeden Fall können sie einem Pferd aber das Blut abschnüren, wenn man sie zu fest wickelt.

Bandagen

Bandagen sind lange, breite Baumwollbänder, die den unteren Bereich des Pferdebeins vor Verletzungen schützen. Es ist wichtig, dass Bandagen ganz ordentlich um das Bein geschlungen werden. Schleichen sich Falten ein, drückt das und stört die Durchblutung. Das Ende der Bandage wird außen mit einem Schleifchen geschlossen. Diese Schleife darf keinesfalls von selbst aufgehen und auch nicht über einer Sehne liegen. Bandagen müssen richtig sitzen, ansonsten können sie sogar die Sehnen schädigen.

TIPP

Ganz gleich, welchen Beinschutz du für dein Pferd verwendest: Bandagen, Gamaschen und Boots müssen nach jedem Benutzen gründlich gereinigt werden. Am besten bürstest du sie mit einer weichen Bürste ab.
Ist der Schmutz feucht, muss er erst trocknen, bevor du ihm mit der Bürste auf den Leib rückst. Hilft die Bürste nicht, ist Waschen angesagt. Denn verschmutzter Beinschutz verursacht Scheuerstellen.

Boots

Beinschutz für Westernpferde. Meistens aus hochwertigem Kunststoff gefertigt. Boots lassen sich mit Klettverschlüssen öffnen und schließen. Einige haben laut Herstellerangabe sogar einen stützenden Effekt für die Sehnen und Bänder. Man muss übrigens kein Westernreiter sein, um Boots zu benutzen. Immer mehr Freizeitreiter schätzen die praktischen Kunststoff-Gamaschen aus den USA. Sie sind robust, leicht zu reinigen und auch für den Ausritt geeignet, weil sie dicht am Pferdebein sitzen. Deshalb dringt auch bei schwierigen Bodenverhältnissen kaum Schmutz ein.

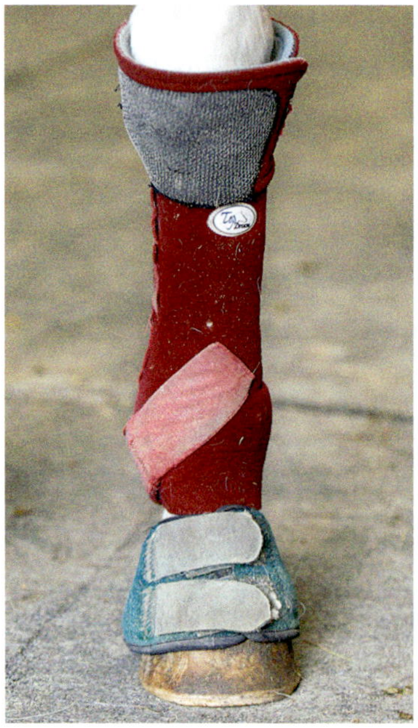

Western Boots mit Bell Boots (Hufglocken)

Gamaschen

Früher waren sie immer aus Leder, inzwischen gibt es auch Gamaschen aus hochwertigem Kunststoff. Sie sind innen gefüttert und haben eine robuste Außenseite, die das Pferdebein vor äußeren Einflüssen schützt. Gamaschen werden einfach mit Schnallen

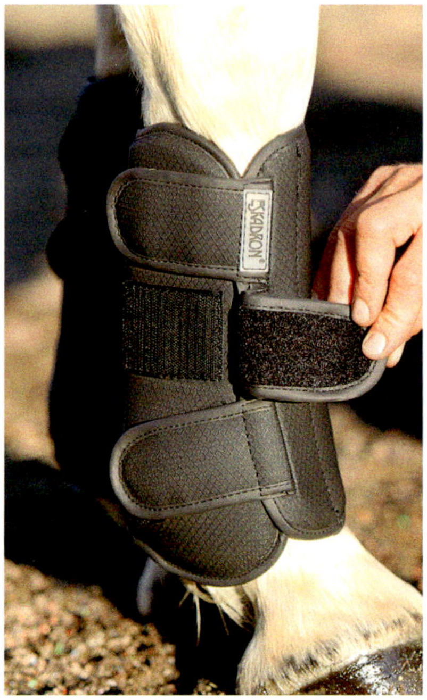

Eine Allround-Gamasche

oder Klettverschlüssen verschlossen, was ihre Handhabung sehr viel einfacher macht als die von Bandagen. Trotzdem müssen auch Gamaschen sorgfältig angelegt werden. Ansonsten können sie drücken und scheuern. Gamaschen sind der ideale Beinschutz beim Springen. Auf Geländeritten sind sie mit Vorsicht zu genießen, weil dabei leicht Verschmutzungen eindringen können, die zu Scheuerstellen führen.

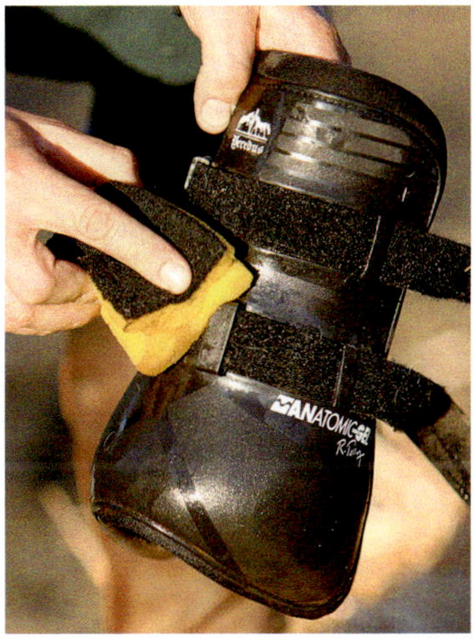

Gamaschen sollten nach jedem Einsatz gründlich gereinigt werden.

Springglocken

Springglocken aus Gummi schützen den Huf und die Hufkrone des Pferdes. Und zwar vor allem vor den eigenen Hufen, die in der Bewegung am gegenüberliegenden Bein anschlagen können. Das Berühren des gegenüberliegenden Beines mit dem eigenen Huf wird auch Streichen genannt. Gummiglocken kommen verstärkt im Springsport und bei Jagden zum Einsatz. Im Westernreitsport gibt es sogenannte Bell Boots. Sie sind aus Kunststoff und schützen die Hufe bei besonders rasanten Aktionen.

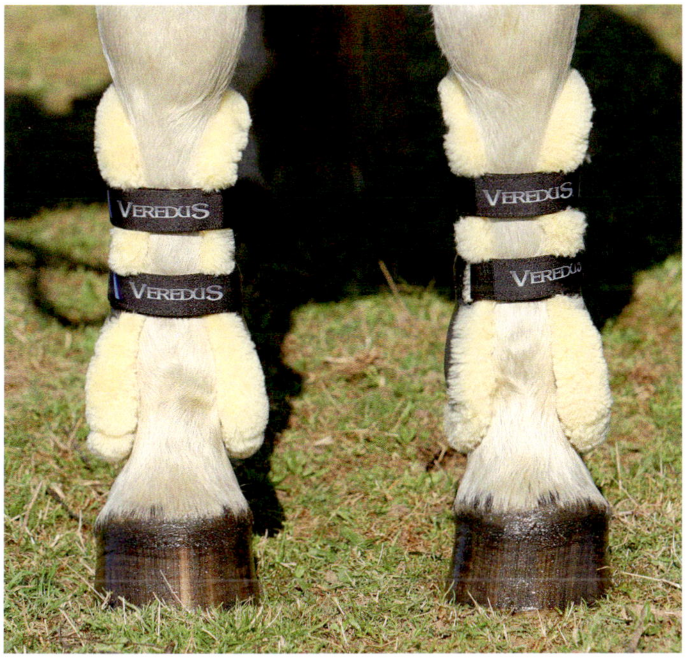

Spring-Gamaschen sind vorne offen.

In der Vielseitigkeit müssen Pferdebeine geschützt werden.

Streichkappen

Streichkappen haben denselben Effekt wie Gamaschen. Aber sie schützen ganz speziell nur das Fesselgelenk und nicht auch noch das Röhrbein. Ihr Vorteil: Sie sind klein und schränken die Bewegungsfreiheit des Beines überhaupt nicht ein.

Transportgamaschen

Wenn Pferde verladen werden und reisen, kann eine ganze Menge passieren. Deshalb sollten Pferdebeine beim Transport mit speziellen Gamaschen geschützt werden. Transportgamaschen sind dick mit Schaumstoff gepolstert und schützen die Beine vor dem Anschlagen. Sie reichen vom Kronrand bis über die Vorderfußwurzelgelenke beziehungsweise Sprunggelenke. So sind die wichtigsten Partien der Beine effektiv geschützt. Sind keine Transportgamaschen zur Hand, können alternativ auch Bandagen angelegt werden. Aber geschützt werden sollten Pferdebeine beim Transport auf jeden Fall.

Manchen wird schwindelig

Zirkel, Round Pen, Longenarbeit

Kreisrunde Flächen spielen bei Reitern eine große Rolle. Schließlich wird nicht immer nur stur geradeaus geritten, sondern ganz viel auch auf dem Zirkel gemacht. Und schon lange bevor es in den Sattel geht werden Jungpferde im Kreis trainiert. Zum Beispiel an der Longe oder der Doppellonge. Oder im Round Pen. Denn dort sind längst nicht mehr nur Westernpferde zu Hause. Und auch wenn Pferde gar nicht geritten werden, kann ein motorisiertes Rondell an die Stelle des Reiters treten: die Führmaschine.

Doppellonge

Eigentlich ist die Arbeit mit der Doppellonge eine gute Methode, um zukünftige Fahrpferde zu trainieren. Durch den Doppellongen-Gurt und die langen Leinen gewöhnen sie sich schon einmal daran, später Geschirr und Fahrleinen zu akzeptieren. Wurde Doppellongen-Training früher fast ausschließlich von Anhängern des Fahrsports betrieben, hat es heute längst in Reitställen Einzug gehalten. Denn es bringt auch viele Vorteile für Reitpferde und Pferde, die einmal welche werden sollen.
Für die Doppellongenarbeit braucht man einen speziellen Gurt, eine Trense oder einen Kappzaum und eine circa 16 Meter lange Doppellonge. Diese hat an den Enden zwei Haken, mit denen man sie in den Trensenringen oder in den Ringen des Kappzaums befestigen kann. Die innere Longe (das ist die Leine, die zur Mitte des Zirkels zeigt) führt durch einen Ring am Gurt zur Hand des Ausbilders. Die äußere Longe (das ist die Leine, die zur Außenseite des Reitplatzes oder der Hallenbande zeigt) läuft ebenfalls vom Trensenring durch den Ring des Gurtes. Aber dann führt ihr Weg an der äußeren Seite des Pferdes vorbei, unter dem Schweif hindurch. Sie befindet sich etwa in Höhe des Beinansatzes.
Von dort aus führt sie zur Hand des Ausbilders. Fahrpferde werden so an die Zugstränge des Kutschgeschirrs gewöhnt. Aber auch Reitpferde profitieren von dieser Leinenposition. Sie lernen, mit der Hinterhand weiter unterzutreten.

Für die Arbeit mit der Doppellonge brauchst du einen Doppellongengurt.

Viele Dressurlektionen können an der Doppellonge vorbereitet werden.

TIPP

Verwende zum Longieren und bei der Arbeit an der Doppellonge immer Handschuhe. Ansonsten kannst du deine Hände schlimm verletzen, wenn das Pferd sich erschreckt und die Leine plötzlich blitzschnell durch deine Hände zieht. Halte die Longe immer gut sortiert in den Händen. Keinesfalls dürfen irgendwo Schlaufen sein, in denen du hängen bleiben kannst, falls das Pferd davonstürmt.

Eine Führanlage

Führmaschine

Nicht jeder Reiter hat Zeit, sein Pferd jeden Tag zu reiten. Für solche Fälle gibt es in großen Reitställen und in Rennpferdebetrieben meistens Führmaschinen. Dort werden mehrere Pferde in einzelne Abteile gestellt, und dann setzt sich die Maschine in Gang. Bleibt ein Pferd stehen, wird es von hinten durch eine bewegliche Trennwand angeschubst. Alle Pferde müssen im selben Tempo Schritt gehen oder traben. Es gibt auch Führmaschinen, in denen Pferde angebunden werden. Die sind aber nicht ungefährlich. Falls ein angebundenes Pferd in Panik gerät, kann es sich in einer Führmaschine lebensgefährlich verletzen. Grundsätzlich sollten Führmaschinen niemals ohne Aufsicht betrieben werden.

Longieren

Longieren bedeutet weitaus mehr, als ein Pferd nur an einer langen Leine im Kreis um sich herum laufen zu lassen. Es hilft, junge Pferde an Sattel, Zaumzeug und Reiter zu gewöhnen. Das Pferd findet beim Longieren sein Gleichgewicht und seinen Takt. Zum Longieren brauchst du eine etwa sieben Meter lange Longe. Außerdem einen Kappzaum mit einem Ganaschenriemen, der verhindert, dass der Zaum beim Longieren verrutscht. Und auch noch Ausbinder, die so lang verschnallt werden, dass sie waagerecht verlaufen und die Nasenlinie des Pferdes vor der Senkrechten bleiben lassen. Auch ein lang verschnallter Schlaufzügel ist nützlich. Er muss dem Pferd ermöglichen, sich bequem vorwärts-abwärts zu strecken. Zum richtigen Longieren gehört auch ein Longiergurt oder ein Sattel. Außerdem werden die Beine des Pferdes mit Gamaschen geschützt, weil die Hufe beim Longieren schon einmal am gegenüberliegenden Bein anschlagen können.

Longierpeitsche

Longierpeitschen sollten so lang sein, dass sie beim Longieren problemlos die Hinterhand des Pferdes erreichen können. Ganz wichtig: umso leichter eine Longierpeitsche ist, desto besser. Bei schweren Modellen wird auch deine Hand ganz schnell schwer.

Über die Longen können Pferd und Ausbilder auch auf Distanz miteinander kommunizieren.

Round Pen

Die Bezeichnung Round Pen kommt ursprünglich aus Amerika. Westernreiter nutzen diese kreisrunde, hoch eingezäunte Lauffläche, um ihre Jungpferde auszubilden. Round Pens sind inzwischen aber auch in vielen Freizeitreiterställen zu finden. Wer im Round Pen arbeitet, braucht keine Longe. Trotzdem lernt das Pferd im Round Pen, sich zu biegen und sein Gleichgewicht zu finden.

Zirkel

Der Zirkel gehört zu den Hufschlagfiguren. Er hat einen Durchmesser von ungefähr 20 Metern. Auf dem Zirkel zu reiten ist eine anspruchsvolle Aufgabe. Der Körper des Pferdes sollte dabei so gebogen sein, als ob er ein Teil der kreisrunden Zirkellinie wäre. Um das zu erreichen, müssen Zügel-, Schenkel- und Gewichtshilfen genau aufeinander abgestimmt werden. Du solltest vom Sattel aus das innere Auge deines Pferdes sehen können.

Hier wird ein Pferd am langen Zügel auf dem Zirkel gearbeitet.

Mit Stiefeln und Helm

Deine Ausrüstung

Zum Reiten brauchst du das richtige Outfit. Nicht, weil das schick aussieht, sondern weil die richtige Ausrüstung eine Voraussetzung für sicheres Reiten ist. Wer zum Beispiel keinen Reithelm aufsetzt, dann vom Pferd fällt und sich verletzt, haftet selbst für diesen Unfall. Versicherungen bezahlen den Schaden nur, wenn keine Fahrlässigkeit vorlag.

■ Chaps/Chapsletten

Chaps sieht man vor allem bei Westernreitern. Das sind lange Lappen aus Glatt- oder Wildleder, die mithilfe von Reißverschlüssen um die Beine des Reiters gelegt werden. Ober- und Unterschenkel sind so bestens gegen Äste und Buschwerk geschützt. Das Gesäß des Reiters bleibt frei – allerdings hat er ja noch eine Jeans unter den Chaps. Diese Aussparung ist wichtig, um bequem im Sattel sitzen zu können. Derbe Chaps aus dickem Leder sind ein toller Schutz bei langen Geländeritten. Sie halten auch Wind und Regen ab. Feinere Chaps sind komfortabler, bieten aber weniger Schutz vor äußeren Einflüssen. Es gibt auch Chapsletten. Hierbei handelt es sich um einen Beinschutz, der jedoch nur den Unterschenkel betrifft. Chapsletten werden über Stiefeletten (Reitschuhe mit kurzem Schaft) gezogen und mit einem Reißverschluss verschlossen. Das Praktische an ihnen: Wenn du während des Rittes eine längere Strecke laufen möchtest, kannst du die Chapsletten ganz einfach aus- und später wieder anziehen. Deshalb sind sie vermutlich bei Wanderreitern so beliebt.

Chaps schützen die Beine beim Ausritt vor Gestrüpp und Wind.

Chapsletten sind praktisch, weil man sie ganz einfach an- und ausziehen kann.

■ Reithandschuhe

Schutz vor Kälte, ein besserer Halt, keine Blasen – Handschuhe für Reiter haben viele Funktionen. Und das nicht nur beim Reiten. Wenn du beim Hufeauskratzen und Putzen des Pferdes Handschuhe trägst, schützt das deine Hände vor Verletzungen. Man ist schnell einmal mit dem Hufauskratzer abgerutscht oder stößt irgendwo an. Für diese Arbeiten solltest du stabile Handschuhe haben, die du nur zum Putzen des Pferdes, zum Fegen der Stallgasse oder andere Arbeiten im Stall nimmst. Zum Reiten brauchst du feinere Handschuhe. Sie sollten verhindern, dass die Zügel durch deine Hände rutschen. Dabei müssen Reithandschuhe aber so fein sein, dass du einfühlsame Zügelhilfen geben kannst. Mit groben Handschuhen ist das nicht möglich. Dann besser ohne Handschuhe reiten.

■ Reithelm

Reite nie ohne Reithelm!

Manche nennen ihn Reitkappe, andere Reithelm. Gemeint ist der Kopfschutz, auf den kein Reiter verzichten sollte. Ein Reithelm schützt deinen Kopf, wenn du vom Pferd fällst. Reiter, die auf diesen Schutz verzichten, gefährden ihr Leben. Dein Kopf ist empfindlich, und wenn du mit ihm auf harten Boden oder einen Stein fällst, kann das tödlich sein. Kopfverletzungen müssen zwar nicht zwangsläufig tödlich ausgehen, schlimm sind sie aber immer. Oft dauert es viele Monate, bis sie wieder verheilen, und manchmal bringen sie sich mit Schmerzen ein Leben lang immer wieder in Erinnerung. All das kannst du ganz einfach verhindern: indem du beim Reiten immer einen passenden Reithelm trägst und diesen gut mit dem Kinnriemen befestigst.

Reithose

Jeans sind nicht so bequem wie richtige Reithosen.

Wer reitet, braucht eine Reithose. Normale Hosen werfen Falten und haben an den falschen Stellen Nähte. Deshalb drücken und scheuern sie, wenn man mit ihnen in den Sattel steigt. Richtige Reithosen ermöglichen bequemes Sitzen im Sattel. Allerdings nur dann, wenn sie richtig passen. Deshalb solltest du dir immer ausreichend Zeit beim Kauf einer Reithose nehmen.
Probiere verschiedene Modelle an, um herauszufinden, in welchem du dich am wohlsten fühlst.
Es gibt Reithosen aus vielen verschiedenen Materialien. Wichtig ist, dass sie angenehm zu tragen und robust sind. Schließlich werden Reithosen sehr oft gewaschen. Achte auf gut verarbeitete Nähte, denn die gehen bei minderwertigen Hosen gerne einmal auf.
Ob du dich für eine Reithose mit einem verstärkten Bereich an der Innenseite des Knies (Kniebesatz/Knieleder) entscheidest oder für eine Hose, deren Besatz die gesamte Rückseite der Beine und das Gesäß umfasst (Ganzleder), ist eine Geschmacks- und eine Preisfrage. Ganzlederhosen – die heute meistens keinen Echtleder-, sondern einen Waschlederbesatz haben – sind fast immer etwas teurer als Hosen mit Kniebesatz. Manche Reiter meinen, mit ihnen einen besseren Sitz zu haben. Andere bevorzugen Reithosen mit Knieleder. Vermutlich muss jeder für sich selbst herausfinden, mit welchem Modell er besser zurechtkommt.
Und dann gibt es noch einen Unterschied zwischen Stiefel- und Jodhpurhosen. Während Stiefelhosen unten am Bein ganz eng sitzen, damit man sie in einen Stiefel ziehen kann, sind Jodhpurhosen unten weiter geschnitten und haben einen elastischen Steg, der unter der Fußsohle des Reiters hindurchführt. Sie werden mit kurzen Stiefeln kombiniert, deren Schaft unter der Hose getragen wird.

Reitjacke

Eine gute Reitjacke sollte dich eine gewisse Zeit auch vor kräftigem Regen schützen.

Reitjacken sind so geschnitten, dass sie den Reiter nicht stören. Normale Jacken rutschen beim Reiten oft hoch oder beengen den Reiter im Bereich der Arme. Das kann bei einer guten Reitjacke nicht passieren. Sie ist meistens leicht tailliert und hinten geschlitzt, damit sich dieser Bereich leicht öffnen kann, wenn man im Sattel sitzt. Das schafft Bewegungsfreiheit. Reitjacken sollten aus einem atmungsaktiven, leicht waschbaren und schnell trocknenden Material sein. Außerdem wichtig: stabile Reißverschlüsse, die auch bei Wind und Wetter dicht sind.

Reitstiefel

Der klassische Reitstiefel ist aus schwarzem Leder und sitzt wie eine zweite Haut am Bein des Reiters. Preisgünstiger sind Reitstiefel aus Gummi, die nicht so intensiver Pflege bedürfen wie Lederstiefel, dafür aber schnell für einen unangenehmen Fußgeruch sorgen.
Alternativ gibt es Reitstiefeletten, die sich gut mit Chapsletten kombinieren lassen. Ihr Vorteil: Mit ihnen kann man auch problemlos lange Strecken laufen, was mit dem klassischen Reitstiefel eher unbequem wäre. Westernreiter tragen gerne schicke Westernstiefel. Diese gibt es in allen Farben und Lederqualitäten. Westernstiefel werden mit Reitjeans und oft auch mit Chaps kombiniert.

Winterreitstiefel halten in der kalten Jahreszeit die Füße warm.

Mitmachen ist gefragt

Die Ausbildung des Pferdes

Die klassische Ausbildung des Reitpferdes verläuft nach einem genauen Plan – der Ausbildungsskala. Die Skala der Ausbildung umfasst sechs Stufen und gilt als Grundlage jeder Reitweise. Sie ist weltweit anerkannt und gilt als zuverlässiger Weg, beim Reiten Harmonie zu erzielen. Hier die sechs Schritte zum Erfolg.

■ Takt

Schließe die Augen und höre auf das Hufgeklapper. Klingt es gleichmäßig oder eher stolpernd? Wenn dein Pferd im Takt geht, solltest du ein ganz gleichmäßiges Geräusch vernehmen. Und zwar im Schritt, im Trab und auch im Galopp. Und das kann nur funktionieren, wenn alle Schritte und Sprünge des Pferdes genau aufeinander abgestimmt sind.
Im Schritt geht der Takt übrigens am schnellsten verloren. Allerdings nur dann, wenn ein Reiter auf dem Pferderücken sitzt. Das zusätzliche Gewicht bringt das Pferd aus dem Gleichgewicht – vor allem junge und untrainierte Pferde. Im Laufe der Ausbildung lernt das Pferd, sein Gleichgewicht trotz Reitergewicht wiederzufinden. Dann wird auch der Schritt taktrein.

■ Losgelassenheit

Losgelassenheit hat etwas mit Lockerheit zu tun. Und zwar mit körperlicher und geistiger Lockerheit. Ein Pferd kann nur dann Losgelassenheit zeigen, wenn sich sein Körper locker bewegt und keine Nervosität aufkommt. Wer angespannt ist, verkrampft sich. In diesem Punkt unterscheiden sich Pferde überhaupt nicht von Menschen. Mit verkrampften Muskeln kann man sich aber nicht geschmeidig bewegen.

Taktreine Gänge sind ein wichtiges Ausbildungsziel.

Wenn du dein Pferd lösen möchtest, beachte Folgendes:

- Das Pferd zehn Minuten Schritt gehen lassen.
- Die nächsten zehn Minuten locker traben und galoppieren.
- Während der Lösephase enge Wendungen vermeiden, weil hierbei Verletzungsgefahr besteht.
- Regelmäßige Handwechsel helfen dem Pferd, sich zu entspannen.
- Achte darauf, dass beim Training keine Angst und Anspannung aufkommen.

■ Anlehnung

Wenn dein Pferd am lockeren Zügel versammelt geht, ist das ein Zeichen für einen guten Ausbildungsstand.

Unter Anlehnung versteht man eine stete, weich federnde Verbindung zwischen Reiterhand und Pferdemaul. Profis weisen darauf hin, dass Anlehnung beim Reiten ein aktiver Prozess ist. Die Hand des Reiters und das empfindliche Pferdemaul kommunizieren miteinander. Optimal ist es, wenn sich das Pferd sanft an den leicht anstehenden Zügel herandehnt, dabei zufrieden am Gebiss kaut und sich seine Stirnlinie an oder leicht vor der Senkrechten befindet. In der Perfektion bleibt dies auch in schweren Lektionen und Übergängen erhalten.
Eine bildliche Vorstellung kann vielleicht dabei helfen, das richtige Händchen für das Pferdemaul zu entwickeln: Verwende den Zügel wie ein dünnes Gummiband, das zwar leicht gespannt ist, aber keinesfalls reißen darf.
Die Anlehnung gilt als Dreh- und Angelpunkt der Reiterei und

Pferdemaul und Reiterhand sollten weich und federnd miteinander verbunden sein.

verbindet die Basis der Ausbildung mit den weiteren Schritten. Sie ist Voraussetzung für Schwung, Geraderichtung und Versammlung.

In der Galoppverstärkung muss viel Schwung zu sehen sein.

Schwung

Die Übertragung eines energischen Impulses aus der Hinterhand auf die Gesamtvorwärtsbewegung des Pferdes im Trab und Galopp kennzeichnet die vierte Stufe der Ausbildungsskala: den Schwung.
Ob ein Pferd schwungvolle Bewegungen hat oder nicht, hängt von vielen Umständen ab. Nicht zuletzt aber auch von seiner Ausbildung und dem täglichen Training. Der Schwung ist zum einen angeboren, zum anderen angeritten.
Der Reiter ist bekanntermaßen der größte „Schwungkiller" überhaupt. Es ist eben nicht leicht, beim Reiten den Schwung des Pferdes zu erhalten. Man benötigt sehr viel Erfahrung, um ein Pferd über den Boden tanzen zu lassen und nicht dahinzuschlurfen wie ein fußkranker Wanderer. Beherzige folgende Profi-Tipps, wenn du schwungvoll reiten möchtest:

- Junge Pferde nie mit Hilfszügeln anreiten.
- Keine Schlaufzügel einsetzen.
- Das Pferd darf nicht auf der Vorhand „schlurfen". Es soll die Hinterbeine weit untersetzen.
- Der Pferdehals darf weder zu kurz noch zu lang eingestellt sein.
- Riegeln und der Dauereinsatz von Gerte und Sporen sind falsch.
- Ein fehlerhafter Sitz nimmt Pferden den Schwung.

Geraderichtung

Unter der Geraderichtung des Pferdes verstehen Reiter die spurgenaue Anpassung der Längsachse des Pferdes auf die Hufschlaglinie und zwar auf gerader und auf gebogener Linie. Sie ist unerlässlich für die Gesunderhaltung des Pferdes und somit ebenfalls ein wichtiger Bestandteil der Ausbildungsskala.
Es ist gar nicht so leicht, ein Pferd korrekt geradeaus zu reiten. Das liegt daran, dass nicht nur Pferde von Natur aus ein bisschen schief sind, auch der Reiter leidet unter dieser natürlichen Schiefe. Kommt beides zusammen, verlässt man schnell die Spur.

Selbst erfahrene Reiter merken nicht immer, ob ihr Pferd gerade spurt oder nicht. Deshalb ist es sinnvoll, regelmäßig mit einem guten Ausbilder zusammenzuarbeiten, der Mängel und Unsicherheiten gleich erkennt und dich darauf aufmerksam macht.

Versammlung

Ein versammeltes Pferd trägt sein eigenes Gewicht und das des Reiters überwiegend mit der Hinterhand. Die sechste und letzte Stufe der Ausbildungsskala ist ein hochgestecktes Ziel. Schwierige Lektionen wie Piaffe, Passage und Pirouette können nur dann korrekt geritten werden, wenn sich das Pferd in der Versammlung befindet.
Ein versammeltes Pferd reagiert auf die feinsten Reiterhilfen. Was man in Reitbahnen und Hallen sieht, hat oftmals nichts damit zu tun. Da werden Pferde zwischen rhythmisch pochenden Schenkeln und harter Zügelführung eingeschraubt und sind tatsächlich weit davon entfernt, in lockerer Versammlung zu gehen. Ein versammeltes Pferd ist kinderleicht zu sitzen, reagiert auf die sensibelsten Hilfen und trägt sein Gewicht voll ausbalanciert. Wer dies erreichen will – egal in welcher Reitweise – muss die einzelnen Punkte der Ausbildungsskala zumindest ansatzweise beherrschen.

Die Versammlung ist das höchste Ziel der Ausbildung.

Mit Sicherheit

Unfälle vermeiden

Viele Unfälle, die beim Reiten passieren, könnten vermieden werden: durch umsichtiges Verhalten und durch die richtige Sicherheitsbekleidung. Hierzu gehören an allererster Stelle Reithelme und auch Sicherheitswesten, die in England für junge Reiter längst selbstverständlich sind. Und auch Sicherheitssteigbügel können Leben retten.

Du solltest nie ohne Reithelm in den Sattel steigen. Das gilt auch für Erwachsene.

Reithelme

Spezielle Belüftungssysteme, Cooling-Einrichtungen, effektiver Nackenschutz und hautfreundliche Innenfutter ... es ist schon einiges, was ein moderner Reithelm zu bieten hat. Natürlich soll er in erster Linie deinen empfindlichen Kopf schützen, aber auch der Tragekomfort darf nicht zu kurz kommen.

TIPP

Das solltest du beim Kauf eines Reithelms beachten:

- Prüfung durch den deutschen TÜV
- Gültige Europanorm CE EN 1384
- Sicherheitsberiemung
- Belüftungssystem
- Seiten- und Nackenschutz
- Schweißabsorbierendes Innenfutter
- Bequeme Passform

Es gibt so viele Situationen, in denen ein Reithelm unerlässlich ist, dass man ihn grundsätzlich tragen sollte, wenn man in den Sattel steigt. Auch ein erfahrenes Pferd kann einmal scheuen, und wenn man Pech hat, geschieht dies gerade auf Asphalt. Ganz gleich, ob der Reiter herunterfällt oder vielleicht sogar das Pferd mit seinen Hufeisen ausrutscht und mit zu Boden geht: Ohne Reithelm ist dies sehr gefährlich.
Aber auch auf dem Reitplatz und in der Halle gibt es kein Argument, das den Verzicht auf eine Reitkappe rechtfertigen würde. Bei einem Sturz besteht die Gefahr, dass der Reiter mit dem Kopf an die Bande schlägt oder vom Huf seines Pferdes getroffen wird. Ein hochwertiger Reithelm kann in solchen Situationen schwere Schädelverletzungen verhindern.
Für Spring-, Jagd- und Vielseitigkeitsreiter ist ein Reithelm ohnehin selbstverständlich. Nicht nur, dass man bei offiziellen Prüfungen nicht ohne starten darf – die Verletzungsgefahr ist einfach so groß, dass jede mögliche Sicherheitsvorkehrung getroffen wird. Das sollte im Freizeitreiteralltag nicht anders sein. Nicht nur Kinder müssen mit Kappen geschützt werden. Auch Erwachsene sollten vor einem Unfall über die möglichen Konsequenzen und die Vorteile eines Reithelmes nachdenken. Nicht zuletzt, weil die meisten Unfallversicherungen nur dann haften, wenn der verunglückte Reiter einen Helm getragen hat. Aber das Allerwichtigste ist die eigene Gesundheit.

Sicherheits-steigbügel

In normalen Steigbügeln kann der Fuß des Reiters beim Sturz hängen bleiben. Mit Sicherheitssteigbügeln kann das nicht passieren. Sie sind entweder so geformt, dass der Fuß bei einem Sturz herausgleitet, oder sie springen im Ernstfall an einer Seite auf. Das kann Leben retten.

Sicherheitswesten

Eine Sicherheitsweste tragen? Was vielen Reitern auf den ersten Blick befremdlich anmuten mag, ist durchaus sinnvoll, wenn man junge Pferde anreitet, gerne springt oder sich in der Vielseitigkeitsreiterei versucht. Im professionellen Kutschensport sind Sicherheitswesten, die auch Protektoren genannt werden, ebenso an der Tagesordnung. Denn auch hier drohen Gefahren, deren Ausmaß durch einen stabilen Körperschutz reduziert werden kann. Profi-Sicherheitswesten bieten nicht nur entlang der Wirbelsäule Schutz, sondern sie umschließen den ganzen Oberkörper.
Damit die Sicherheitsweste aber auch wirklich so sitzt, dass sie nicht stört und ihre volle Funktion erfüllen kann, sollte man vor dem Kauf seinen Brustumfang und die Länge des Oberkörpers ausmessen. Mithilfe dieser Werte lässt sich schnell und problemlos das passende Modell finden.

Vielseitigkeitsreiter tragen grundsätzlich Reithelm und Schutzweste.

Sicherheitswesten schützen beim Sturz deinen Rücken und Brustkorb.

Sicherheits-Tipps

Viele Unfälle, die in Reitställen passieren, haben mit nachlässigem Verhalten zu tun und könnten ganz einfach verhindert werden. Es gibt einige Dinge, die du beim Umgang mit Pferden unbedingt beachten solltest:

- Stehe nie direkt hinter einem Pferd, auch wenn du es gut kennst und es noch nie jemanden getreten hat. Pferde können sich plötzlich erschrecken und unkontrolliert auskeilen. Ein Huftritt ist nicht nur sehr schmerzhaft – er kann sogar tödlich sein. Stehe immer seitlich vom Pferd; auch beim Hufeauskratzen.
- Wenn du dich einem Pferd von hinten näherst, musst du es mit freundlicher Stimme ansprechen, damit es weiß, dass da jemand kommt. Ansonsten kann es sich fürchterlich erschrecken und dich umspringen.
- Trage immer festes Schuhwerk, wenn du mit Pferden zu tun hast. Flipflops oder Sandalen haben auch bei sommerlichen Temperaturen nichts im Stall verloren. Sollte dir ein Pferd aus Versehen auf den Fuß treten, stellt ein stabiler Schuh einen guten Schutz dar.
- Beim Putzen eines angebundenen Pferdes solltest du nie unter dem Anbindestrick durchklettern, um auf die andere Seite zu kommen. Hierbei könntest du gegen den Anbindebalken oder die Stallwand gedrückt werden. Manche Pferde schlagen auch mit den Vorderbeinen nach vorne aus. Gehe immer hinter dem Pferd herum. Spreche dabei mit ihm und gleite mit der Hand an seinem Körper entlang, damit es weiß, wo du dich gerade befindest.
- Achte darauf, dass sich der Strick, mit dem du das Pferd anbindest, nicht um deine Hand oder einen einzelnen Finger legt. Sollte sich das Pferd erschrecken und beim Anbinden plötzlich zurückziehen, kann der Strick deine Hand zerquetschen oder einen Finger abreißen.

Muss sein!

Reitunterricht

Muss er gut reiten können, nett sein oder gut aussehen? Manchmal sind es seltsame Kriterien, die bei der Auswahl eines Reitlehrers zum Tragen kommen. Oft verkaufen sich selbst erklärte Ausbilder am besten. Einen Schein offizieller Prüfstellen halten sie für überflüssig, weil nur die Praxis zähle. Stimmt, aber wie soll ein Reitanfänger beurteilen, ob die vermittelte Praxis richtig ist? Ihm bleibt nur die Möglichkeit, sich an nachvollziehbaren Ausbildungsnachweisen zu orientieren. Andere wichtige Kriterien wie Einfühlungsvermögen, die Gabe, eigenes Wissen auch schülergerecht zu vermitteln, und ein Gespür für Pferde kristallisieren sich in der Regel schon nach einigen Reitstunden heraus. Denn darüber verfügt auch längst nicht jeder Reitlehrer, der einen Schein vorweisen kann.

Wenn es um die Ausbildung zum Reitlehrer geht, nimmt die Deutsche Reiterliche Vereinigung e. V. (FN) einen zentralen Stellenwert ein. Sie orientiert sich an der Ausbildungs-Prüfungs-Ordnung (APO). Vom Deutschen Sportbund (DSB) lizenzierte Ausbilder werden seit dem 1. Januar 2000 – abhängig von ihrem Ausbildungsniveau – als Trainer C, B oder A bezeichnet. Das gilt auch für Absolventen der FN-**Amateurausbildung**. Am Anfang der Ausbildung steht ein **Vorbereitungsseminar**. „Bei entsprechender Lehrbefähigung und Erfüllung der reiterlichen Voraussetzungen kann sich der Interessent zu einem **Trainer C-Lehrgang** anmelden. Hier erhält er, abhängig von der Disziplinwahl, eine umfassende und breit angelegte Ausbildung für Reiten, Fahren, Voltigieren oder Westernreiten und neuerdings auch Schulsport", so die FN. **Der Trainer B** geht mit einer Spezialisierung einher. Die höchste Ausbildungsstufe ist der **Trainer A**. „Allerdings muss nicht gleich die Amateurreitlehrer-Laufbahn eingeschlagen werden. Es gibt auch den **Betreuer**, und zwar für Reiten, Fahren, Voltigieren, Westernreiten und Schulsport. Auch eine Ausbildung zum Beritt-, Gespann- und Wanderreitführer ist möglich", fügt die FN hinzu. Trainerlehrgänge und Prüfungen erfolgen bei vom Landesverband benannten Fachschulen oder ähnlichen von der FN anerkannten Ausbildungsbetrieben.

Ein guter Reitlehrer weiß genau, wo deine Schwächen liegen.

Wenn du im Westernstil reiten möchtest, brauchst du einen Western-Trainer.

Trainer C

Trainer C haben ein Vorbereitungsseminar mit 30 Unterrichtseinheiten absolviert. Sie müssen Inhalte des Breiten- und Leistungssports kennen, analysieren und begründen. Sie sollten in der Lage sein, eine vielseitige Grundausbildung für Pferd, Reiter, Fahrer und Voltigierer vermitteln zu können. Um die erste Stufe der vom DSB lizenzierten Ausbildung anzugehen, müssen bestimmte Voraussetzungen erfüllt werden:

- Mindestalter vollendetes 18. Lebensjahr (vollendetes 16. Lebensjahr bei Voltigierern)
- Mitgliedschaft in einem Reitverein oder Reitsportorganisation der Anschlussverbände
- Polizeiliches Führungszeugnis

- Besitz eines Abzeichens entsprechend der Disziplin
- Ein achtstündiger Erste-Hilfe-Kurs
- Teilnahme an einem Vorbereitungsseminar
- Teilnahme an einem circa dreiwöchigen Vorbereitungslehrgang mit mindestens 120 Übungseinheiten
- Bewerber müssen das Deutsche Reitabzeichen III (Dressur und Springen) und das Longierabzeichen (DLA) IV besitzen.
- Pferde müssen dressurmäßig auf Trense bis Klasse A/L vorgestellt werden
- Beim Springen müssen Einzelhindernisse, Hindernisverbindungen oder ein Standardparcours Klasse A überwunden werden
- Ein Geländeritt (Klasse A) muss abgelegt werden
- Nachweis von Grundkenntnissen der Sportpädagogik und Psychologie
- Es erfolgt die Bewertung einer Unterrichtsprobe
- Kenntnisse der Reitlehre gemäß „Richtlinien für Reiten und Fahren“ müssen nachgewiesen werden

Beim Trainer C Westernreiten und Fahren müssen weitere spezielle Grundvoraussetzungen wie das Westernreitabzeichen Bronze sowie das Deutsche Fahrabzeichen und Longierabzeichen vorhanden sein.

Trainer B

„Die Ausbildung zum Trainer B ist die zweite Stufe der Ausbildung zum Ausbilder. Hier kann der Ausbilder Kenntnisse in verschiedenen Disziplinen wie Dressur, Springen, Vielseitigkeit, Voltigieren, Fahren, Western- oder Distanzreiten, im Jagdreiten, Wanderreiten und -fahren oder in der Jugend- und Anfängerausbildung vertiefen“ so die FN. Zu den Ausbildungsinhalten gehören:

- spezielle Inhalte des Breitensports
- disziplingebundene Ausbildungssystematik im Leistungssport
- die Kenntnis besonderer Aufgaben des Pferdesports und Ausbildungsinhalte spezieller Reitweisen
- die Kenntnis spezieller Ausbildungsrichtlinien für Reiter, Pferd, Fahrer und Voltigierer
- die strukturelle Planung von Unterrichtseinheiten
- die Beherrschung der dem Vermittlungsziel entsprechenden Fähigkeiten als Reiter, Fahrer oder Voltigierer

Trainer A

Zuletzt folgt die höchste Stufe – die Ausbildung zum Trainer A. Zu den Zulassungsvoraussetzungen gehören die Vollendung des 22. Lebensjahres, die bestandene Prüfung zum Trainer B, der Nachweis einer mindestens dreijährigen Ausbildertätigkeit nach der Trainer-C-Prüfung und einer mindestens einjährigen Ausbildertätigkeit nach der Trainer-B-Prüfung, der Besitz eines entsprechenden Abzeichens und die Absolvierung eines Vorbereitungslehrgangs mit mindestens 120 Unterrichtseinheiten. Es gibt Trainer A in den Bereichen Amateurreitlehrer, Westernreiten, Fahrlehrer und Voltigierlehrer.

Ein Reitlehrer sollte sich immer ausreichend Zeit nehmen, um dir alles ganz genau zu erklären.

Fundiertes Wissen und die Gabe, es zu vermitteln

Wer auf der Suche nach einem Reitlehrer mit fundiertem Fachwissen ist, sollte sich nach dessen Ausbildungsweg erkundigen. Eine solide Ausbildung macht allerdings nicht unbedingt einen guten Reitlehrer aus. Denn was nützt das brillanteste Fachwissen, wenn man es nicht verständlich und einfühlsam vermitteln kann? Reitlehrer sollten dazu in der Lage sein, sich auf unterschiedliche Schüler einzustellen. Gerade im Umgang mit Kindern und Jugendlichen sollte der Spaß am Reiten nicht in übertriebenem Drill erstickt werden. Das Gleiche gilt für den Umgang mit Pferden.
Letztendlich entscheidet natürlich das persönliche Empfinden über die Eignung des Reitlehrers. Wenn man sich in seiner Obhut wohl fühlt und die angestrebten Ziele erreicht, dann hat man mit großer Wahrscheinlichkeit einen wirklich guten Reitlehrer gefunden.

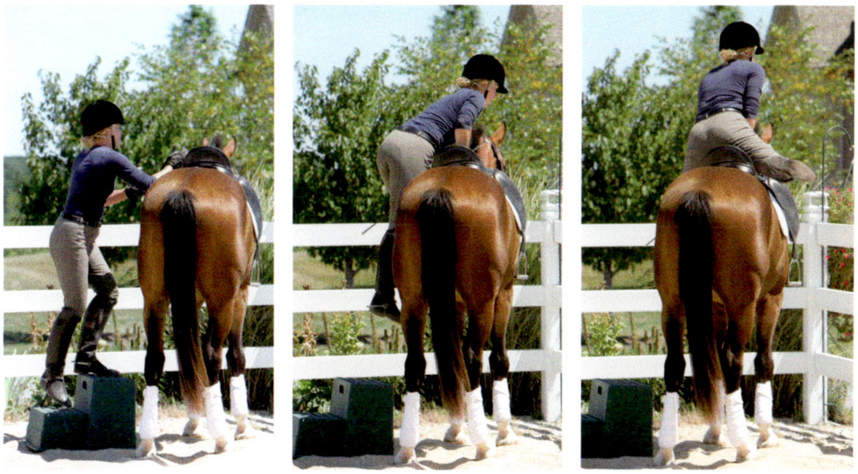

Auch richtiges Aufsteigen will gelernt sein – natürlich mit Aufsteigehilfe, weil das den Pferderücken schont.

Nah am Pferd

Hilfengebung

Wenn dein Pferd wirklich genau das tun soll, was du möchtest, musst du verschiedene Hilfengebungen beherrschen. Um genau zu sein: Gewichts-, Schenkel- und Zügelhilfen. Keine dieser Hilfen funktioniert alleine. Erst das harmonische Zusammenspiel von Gewicht, Schenkel und Zügel führt zum Ziel.

Gewichtshilfen

Pferde sind von Natur aus im Gleichgewicht. Die angeborene Balance besteht auch im Schritt, Trab und Galopp. Setzt sich nun ein Reiter auf den Rücken des Pferdes und bewegt sich womöglich noch stark, ist es mit dem Gleichgewicht vorbei. Zwar stürzt ein Pferd deshalb nicht gleich zu Boden, bewegt sich aber ungleichmäßig oder stolpert sogar. Das ist so, als wenn man ein Kind auf den Schultern sitzen hat, das ausgelassen herumhampelt. Dabei kann man auch nur mit Mühe ruhig stehen bleiben, ohne das Gleichgewicht zu verlieren. Geschweige denn, bequem laufen.

Durch gezieltes Umsitzen kannst du die Bewegungen des Pferdes beeinflussen.

Doch vor dem Laufen kommt erst einmal der Moment, in dem man sich in Bewegung setzt. Beim Pferd wird das Antreten genannt. Damit es losgeht, lehnt der Reiter seinen aufgerichteten Oberkörper leicht nach vorne. Was das beim Pferd bewirkt, lässt sich wieder gut mit dem Kind auf den Schultern vergleichen. Lehnt es sich vor, macht der Erwachsene sofort einen Schritt nach vorne, um nicht das Gleichgewicht zu verlieren. Genau diese Gewichtshilfe macht sich der Reiter zunutze, wenn er anreiten möchte.

Und wie sieht es mit der Gewichtshilfe beim Geradeausreiten aus? Auch hier hilft ein simpler Vergleich: Sitzt ein Kind ruhig und ausbalanciert auf den Schultern eines Erwachsenen, ist es für ihn ein Leichtes, auch mit diesem zusätzlichen Gewicht zu laufen.

Gewichtshilfen braucht man aber auch, wenn das Pferd schneller werden soll. Man lehnt sich einfach wieder leicht mit dem Oberkörper nach vorne. Das Pferd reagiert darauf mit einem schnelleren Gang, um sein Gleichgewicht zu finden. Das Tempo eines Pferdes lässt sich mit Gewichtshilfen nicht nur beschleunigen, sondern auch verlangsamen. Stelle dir vor, du hättest einen schweren Rucksack mit viel zu langen Riemen auf dem Rücken. Der zieht dich beim Laufen zurück und behindert dich in der Vorwärtsbewegung. Übertragen auf die Situation im Sattel bedeutet dies, dass sich der Reiter selbst als dieser schwere Rucksack versteht. Oder auch als ausgeworfener Anker, der das Tempo des Pferdes bremst. Diese Vorstellungen helfen, genau die richtige Gewichtshilfe zu geben. Dabei ist es gar nicht schlecht, dass Reiter ihre Pferde auch aus dem Gleichgewicht bringen können. Denn das hilft beispielsweise beim Abbiegen nach rechts oder links, auch Richtungswechsel genannt. Zumindest dann, wenn der kleine Übergriff auf den Gleichgewichtssinn des Pferdes gezielt und

Dein Schenkel wirkt sanft am Pferdebauch ein.

wohldosiert erfolgt. Wie das geht? Indem der Reiter sein Körpergewicht stärker nach rechts oder links verlagert, also eine Gewichtshilfe gibt.

Schenkelhilfen

Schenkelhilfen werden mit den Waden des Unterschenkels gegeben – nicht mit den Absätzen! Mit ihnen kannst du Tempo und Schwung des Pferdes beeinflussen und natürlich auch die gewünschte Gangart halten. Hinzu kommt, dass die Hinterbeine des Pferdes durch gezielte Schenkeleinwirkung weiter untertreten.
Ein am Gurt liegender Schenkel treibt den auf derselben Seite befindlichen Hinterfuß des Pferdes vorwärts. Legst du ihn hinter den Gurt, beeinflusst er die Einwirkung des auf der anderen Seite treibenden Schenkels. Verstärkst du den Druck des hinter dem Gurt liegenden Schenkels, bewegt sich der Hinterfuß des Pferdes zur Seite.

Zügelhilfen

Die Zügel sind die Verbindung zwischen Reiterhand und Pferdemaul. Sie werden zwischen kleinem Finger und Ringfinger durch die Hand geführt und kommen genau zwischen Daumen- und Zeigefinger wieder heraus. Der Daumen ruht

Gebe Zügelhilfen stets einfühlsam, ohne dabei hart zu werden.

fest auf dem Zügel, damit sich dieser nicht durch die Hand ziehen lässt.
Du hast nun verschiedene Möglichkeiten, um mit den Zügeln auf das Pferdemaul einzuwirken.

- Mit annehmenden und nachgebenden Hilfen: Um eine annehmende Zügelhilfe zu geben, schließt du die Hand zu einer festen Faust. Das Pferd verspürt nun leichten Druck im Maul und gibt, wenn es gut ausgebildet ist, im Genick nach. Der leichte Druck, den du durch das Schließen der Finger erzielt hast, lässt nach. Jetzt gibst du auch wieder nach. Annehmende Zügelhilfen werden auch als Paraden bezeichnet. Sie werden immer durch ein vorwärts treibendes Kreuz und beidseitigen, gleichmäßigen Schenkeldruck eingeleitet.
- Eine durchhaltende Zügelhilfe erhält den Druck etwas länger aufrecht. Aber auch hier gibst du nach, sobald sich das Pferd vom Gebiss abstößt.
- Eine verwahrende Zügelhilfe kommt beispielsweise dann zum Einsatz, wenn sich das Pferd biegen soll. Dabei wird zum Beispiel der innere (zur Bahnmitte zeigende) Zügel angenommen und der äußere (zur Bande zeigende) bleibt in seiner alten Position.
- Eine seitwärts weisende Zügelhilfe besteht darin, eine Zügelhand einige Zentimeter weit vom Hals des Pferdes zu entfernen. Stelle dir einfach vor, du wolltest der Nase des Pferdes mit der Hand den Weg weisen.

Tipp

Halbe und ganze Paraden richtig geben: Eine halbe Parade soll das Tempo des Pferdes verlangsamen. Der Reiter schließt gleichzeitig beide Hände zu einer festen Faust und gibt nach, sobald das Pferd nachgibt.
Eine ganze Parade soll das Pferd zum Stehen bringen. Sie setzt sich aus mehreren kurzen halben Paraden zusammen. Diese werden wiederholt, bis das Pferd steht.

Nicht gleich losgaloppieren

Warmreiten

Bevor du mit deinem Pferd losgaloppierst oder schwierige Lektionen reitest, musst du es warmreiten. Das heißt, mindestens zehn Minuten Schritt am langen Zügel gehen, bevor es losgeht. In dieser Zeit bildet sich Gelenkschmiere, die das Pferd vor Verschleiß (Abnutzung der Knochen) schützt. Außerdem werden beim Warmreiten Sehnen und Bänder elastischer. Diese können im kalten Zustand reißen.

Mindestens zehn Minuten Schritt

Warmreiten ist umso wichtiger, wenn das Pferd aus der Box oder dem Hänger kommt, wo es längere Zeit bewegungslos herumstand. Auch kalte Witterung verschärft die Situation und macht eine besonders sensible Aufwärmphase erforderlich. Das heißt: mindestens zehn Minuten Schritt gehen. Gefolgt von einer längeren Trabphase und einem lockeren Galopp.
Eine sofortige hohe Belastung der Muskulatur würde zu Verspannungen, Krämpfen, Überbelastungen und somit auch zu Schäden der Muskeln beziehungsweise Rissen in den Muskelfasern führen.

Lösende Übungen zusammengefasst:

- zehn bis 20 Minuten Schritt reiten
- anschließend Leichttraben im Arbeitstempo
- große gebogene Linien reiten
- alle vier bis fünf Minuten Handwechsel
- häufig zwischen Arbeitstrab und -galopp wechseln
- Tempo zulegen in den einzelnen Gangarten
- Schenkelweichen (z. B. Viereck verkleinern und vergrößern)
- Cavalettiarbeit
- kleine Sprünge
- Geländeritt mit wechselnden Bodenverhältnissen
- frei laufen lassen
- Longieren

Ecken abrunden

Während der Schritt-Phase geht das Pferd am langen Zügel. Das ist auch in der anschließenden Trab- und Galopp-Phase der Fall, die ebenfalls mit zum korrekten Lösen gehören. In der Lösephase sollte man auf geraden oder großen gebogenen Linien reiten. Enge Wendungen sind nicht gut, da sie ein hohes Verletzungsrisiko bergen. Profis weisen auch darauf hin, dass die Ecken der Reitbahn während der Lösephase abzurunden sind. Die für das Ausreiten der Ecken erforderliche Biegung sei erst von einem gründlich warm gerittenen Pferd zu fordern, um Verletzungen zu vermeiden.

Bevor du antrabst, solltest du mindestens zehn Minuten Schritt am langen Zügel reiten.

Dehnungsphase

Doch wie kann man gerade bei der beginnenden Arbeit innerhalb einer Trainingseinheit die Muskeln vor Überlastung schützen, die für das Tragen des Reitergewichtes verantwortlich sind? Es geht also im weitesten Sinne um die Rückenmuskulatur, die

In der Warmreite-Phase trabst du leicht.

dafür Sorge trägt, dass das Pferd seine Arbeit mit einem lockeren Rücken leisten kann. An dieser Stelle hilft dem Reiter der Körperbau des Pferdes, diese Stelle zu entlasten. Unterstützend wirkt hierbei das lange Nackenband. Vom Hinterhaupt kommend ist es mit allen Wirbeln der Wirbelsäule verbunden. Das Reiten des Pferdes, insbesondere in der Lösungsphase, in Dehnungshaltung gewährleistet, dass diese Band-Knochen-Verbindung zum Tragen des eigenen sowie des Reitergewichts genutzt wird.

Woran erkennt man Losgelassenheit?

Um ein Pferd erfolgreich zu lösen, solltest du wissen, woran man den erwünschten Zustand erkennt:

- Der Pferderücken muss schwingen. Ein verspannter Rücken ist für den Reiter schwer zu sitzen und ermöglicht weder Raumgriff noch fließende Bewegungen.
- Das Pferd zeigt eine Dehnungshaltung. Diese erkennt man daran, dass das Pferd der Reiterhand nach vorwärts-abwärts folgt. Der tiefste Punkt der Dehnungshaltung sollte die Maulspalte in Höhe des Buggelenks sein.
- Taktmäßiges Gehen ist ebenfalls ein Anzeichen für einen gelösten Zustand. Es verläuft gleichmäßig und schwungvoll, aber ohne Eile.
- Eine gleichmäßige Atmung und gelegentliches Abprusten sprechen auch für einen erfolgreichen Lösungsprozess. Solange das Pferd nicht gelöst ist, atmet es unregelmäßiger und schnaubt nicht entspannt.
- Aktive Maultätigkeit, die sich durch Kauen und leichte Schaumbildung äußert, ist ein gutes Zeichen für voranschreitende Lösung.
- Der Schweif wird frei getragen und pendelt – als Folge des schwingenden Rückens – hin und her.
- Der Gesichtsausdruck des Pferdes wirkt zufrieden.
- Lässt man sich den Zügel aus der Hand kauen, sollte sich der Hals bei weicher Verbindung zur Reiterhand nach vorwärts-abwärts dehnen.

Gesundheitliche Risiken

Du solltest dir Zeit nehmen, dein Pferd ausgiebig warm zu reiten und zu lösen. Ein Kaltstart birgt viele Risiken, die entweder spontan auftreten oder später Probleme bereiten. Tierarzt Dr. Nils Ismer weist auf die größten Gefahren hin: „Richtiges Warmmachen ist beim ‚Athleten' Pferd genauso wichtig wie beim Menschen, um Verletzungen vorzubeugen. Das Warmmachen dient zum einen der Erhöhung der Körpertemperatur, um den Stoffwechsel in Schwung zu bringen. Dadurch wird der Körper erst in die Lage gebracht, Leistungen zu erbringen. Zum anderen werden Bänder, Sehnen und die Muskulatur gelockert und geschmeidig gemacht. Folglich kann es bei ausbleibender Aufwärmphase zu Muskelzerrungen bis hin zu Muskelrissen oder auch Muskelverhärtungen kommen. Ebenso können wie beim Menschen eher Bänderzerrungen und Sehnenzerrungen auftreten. Diese brauchen meistens mehrere Monate zur vollständigen Heilung und hinterlassen häufig eine erhöhte Anfälligkeit für neuerliche Erkrankungen dieser Art. Im schlimmsten Falle kann es sogar zu einer Unbrauchbarkeit des Pferdes für den Sport kommen."

Du kannst dein Pferd auch frei laufen lassen, bevor du es reitest.

Nicht einfach

Versammlung

Die Versammlung des Pferdes wird oft missverstanden. Die einen verstehen darunter, das Pferd mit Zügelgewalt in eine vermeintliche Aufrichtung zu zwängen, die anderen glauben, dass man das Ziel am besten mit Sporen und Gerte erreicht. Das Ergebnis hiervon ist ein Trauerspiel: aufgerollte Köpfe, deren Nasenlinie sich weit jenseits der idealen Senkrechten befindet, dumpfes Dahintrotten auf der Vorderhand ohne jegliche Hinterhandaktion, Rücken wie Bügelbretter und langfristig Rücken- und Beinschäden, die nicht selten das Aus bedeuten.

Anlehnung

Wenn die Hände des Reiters und das Maul des Pferdes über die Zügel miteinander „sprechen", nennt man das Anlehnung. Reiter und Pferd sind über die Zügel ständig miteinander verbunden. Das sollte allerdings keine Zwangsverbindung sein, sondern ein elastisches Miteinander. Um das zu erreichen, muss der Reiter einen unabhängigen Sitz haben. Das bedeutet, dass sich seine Hände nicht unkontrolliert bewegen dürfen, wenn sich sein Körper bewegt.
Anlehnung kannst du erzielen, indem du das Pferd mit Gewichts- und Schenkelhilfen vorwärts treibst, bis es seinen Kopf vorwärts-abwärts senkt. Es sucht den Kontakt zum Gebiss. Nun hältst du mit den Händen federnd gegen, ohne dabei hart zu werden. Eine Anlehnung wird nicht erreicht, indem man versucht, den Kopf des Pferdes mit den Zügeln in die gewünschte Position zu ziehen.

Dieser Hannoveraner zeigt einen kraftvollen, versammelten Trab.

Aufrichtung

Die Aufrichtung des Pferdes ergibt sich aus der Versammlung. Seine Hinterbeine setzen weiter unter den Körper. Auf ihnen lastet nun vermehrt das Reitergewicht. Dadurch senkt sich die Kruppe des Pferdes leicht ab. Kopf und Hals richten sich automatisch höher auf. Diese Aufrichtung wird ohne Zügeleinsatz erzielt. Sie ergibt sich durch die Verlagerung der Traglast auf die Hinterbeine.

Durchlässigkeit

Wenn das Pferd sofort willig auf deine Hilfen reagiert, ist es durchlässig. Es gibt im Genick nach, biegt sich um den Schenkel und setzt die Hinterbeine weit unter. Alles beste Voraussetzungen für die Versammlung.

Versammlung

Die Versammlung gilt als höchste Stufe der Ausbildung des Dressurpferdes. Ein versammeltes Pferd sieht nicht nur besonders erhaben aus, sondern trägt das Reitergewicht optimal, ohne auf Dauer durch diese Belastung Schaden zu nehmen. Sein Hals ist schön geschwungen. Das Genick bildet die höchste Stelle des Körpers. Die Nasenlinie verläuft senkrecht zum Boden. Die Hinterbeine setzen gut unter. Das Pferd nimmt vermehrt Traglast mit der Hinterhand auf. Die Vorderbeine werden hierbei entlastet.
Mehr Ausdruck, Ausstrahlung und Erhabenheit ... All das lässt sich durch Versammlung erzielen. Oft wird Versammlung mit

Diese Stute geht im starken Trab und ist dabei hervorragend versammelt. Auch bei leicht durchhängendem Zügel bleibt die Versammlung erhalten.

langsamem Reiten gleichgesetzt, dabei muss hierbei Schubkraft in Tragkraft umgesetzt werden und das ist keine Frage der Temporeduzierung.
Es gibt verschiedene Möglichkeiten, das zu trainieren. Übergänge von einer Gangart in eine andere und auch Übergänge innerhalb einer Gangart, zum Beispiel vom fleißigen Trab zum Arbeitstempo, können hilfreich sein. Außerdem ist Cavalettiarbeit sinnvoll, und bestimmte Hufschlagfiguren wie Zirkel verkleinern und vergrößern sind auch hilfreich.

Probleme

Eine korrekte Versammlung setzt bestimmte körperliche Merkmale voraus. Ist das Genick eines Pferdes zu tief angesetzt, die Ganaschenfreiheit zu klein und kommen vielleicht noch eine flache Kruppe und steile Hinterbeine hinzu, wäre eine aufgezwungene Versammlung reinste Tierquälerei.

TIPP

Tipps für eine gelungene Versammlung:

- das Pferd benötigt **ein gut sitzendes Gebiss**, an das es von selbst Anlehnung sucht
- **Hufschlagfiguren** begünstigen die Versammlung
- **Ecken nutzen**, indem man die Schulter des Pferdes nach vorne bringt
- **Tempiwechsel** helfen, Schubkraft in Tragkraft umzuwandeln
- **Longenarbeit** fördert das Untersetzen der Hinterhand
- **Cavalettiarbeit** schult das Vermögen, Traglast aufzunehmen
- Versammlung wird nicht durch lange Sporen und lange Gerte erreicht
- Versammlung muss über einen längeren Zeitraum erarbeitet werden

Versammelter Linksgalopp

Die Versammlung kann durch eine Hilfsperson am Boden erhöht werden.

Schwerpunkt

Pferde versuchen instinktiv, beim Reiten unter den Schwerpunkt des Reiters zu treten. Gelingt dies nicht, bringt der Reiter das Pferd leicht aus dem Gleichgewicht. In der Versammlung befindet sich das Pferd optimal unter dem Schwerpunkt.

Grundlagenarbeit der Ausbildung

Sobald ein Pferd im Arbeitstrab und -galopp sicher und leicht am Zügel geht, sollte man damit beginnen, seine Durchlässigkeit mit leichten versammelnden Übungen zu steigern. Profis empfehlen vor allem:

- Übergänge zwischen Arbeitstrab und Mittelschritt
- Übergänge zwischen Arbeitstrab und Mittelschritt über vier bis fünf kurze Tritte
- Tempowechsel im Trab
- Übergänge zwischen Arbeitsgalopp und Mittelschritt
- Schultervorartiges Geraderichten im Trab und Galopp

Noch etwas

Abreiten

Nach verrichteter Arbeit gleich ab in den Stall? Auf keinen Fall. Solange die Flanken fliegen, das Pferd schwitzt und die Atmung nicht normal geht, ist Abspannen angesagt. Für erfahrene Reiter gehören Abspannen und Trockenreiten zum festen Trainingsprogramm. Das Abspannen beginnt nach der Arbeitsphase.

Abspannen

Abspannen bedeutet nicht unbedingt, Schritt zu gehen. Es ist sogar nicht ratsam, aus einer intensiven Galopp-Phase gleich in den Schritt zu wechseln. Man kann aus dem versammelten Galopp in den leichten Sitz übergehen und mit halb langem Zügel noch ein paar Runden locker galoppieren. Danach geht man zum Trab über und trabt leicht. Erst nach dieser Phase kommt Schritt.
Die Entlastung des Rückens spielt beim Abspannen eine große Rolle. Deshalb sollte man während dieser Phase weder Galopp noch Trab aussitzen. Bei jungen Pferden ist diese Entlastung ganz besonders wichtig. Was allerdings nicht heißt, dass man dieses Prinzip beim älteren Pferd vernachlässigen sollte. Schonender ist die Rückenentlastung in der Abspannphase auf jeden Fall.

Entspannen

Abspannen heißt jedoch auch, etwas mit dem Pferd zu tun, das ihm Spaß macht. Bei manchen Pferden hilft es, viele Wechsel zu reiten. Bei anderen Pferden könnten vielleicht auch zirzensische Übungen diesen Zweck erfüllen. Einige Tritte Spanischer Schritt oder ein Kompliment bringen das zuvor voll auf die Dressur konzentrierte Pferd auf andere Gedanken und helfen, es zu entspannen.
Gut ist es natürlich auch, nach der Dressur noch ein halbes Stündchen auszureiten. Viele Pferde entspannen sich optimal, wenn man mit ihnen am langen Zügel durchs Gelände schlendert. Das funktioniert natürlich nur, wenn sie bereits an Ausritte gewöhnt wurden. Ansonsten wird der vermeintliche Entspannungsausritt vermutlich eher zu einer Zitterpartie.

Diese Reiterin lässt sich die Zügel langsam aus der Hand kauen.

Nach der Reitstunde kannst du einen kleinen Schrittausritt machen, damit dein Pferd abkühlt.

Erkältung und Kreuzverschlag

Abspannen und Trockenreiten sind wichtig, weil dein Pferd ansonsten krank werden kann. Erkältungen drohen, wenn man sich nicht die Zeit nimmt, sein Pferd nach körperlichen Anstrengungen in aller Ruhe trocken zu reiten. Es kann sogar zu einem Kreuzverschlag kommen.
Folgende Symptome sprechen für einen Kreuzverschlag:

- das Pferd geht unwillig vorwärts
- es zittert und schwitzt
- die Hinterhand bewegt sich steif
- Einknicken und Zusammenbrechen kann vorkommen
- verhärtete Rücken- und Kruppenmuskulatur
- schwere Muskelschmerzen können zu krampfkolikartigen Symptomen führen
- der Harn ist rot bis kaffeebraun verfärbt

Ein Pferd mit Verdacht auf Kreuzverschlag darf nicht weiter bewegt werden. Man beendet das Training sofort und bringt das Pferd langsam in eine gut eingestreute Box. Jede zusätzliche Bewegung verschlimmert das Krankheitsbild. Es muss sofort ein Tierarzt zum Stall geholt werden.
Um einem Kreuzverschlag vorzubeugen, muss eine schnelle Abkühlung der Muskulatur unbedingt verhindert werden.

Es ist wichtig für die Gesundheit deines Pferdes, dass du nach der Arbeit mindestens zehn bis 15 Minuten Schritt am langen Zügel mit ihm gehst.

TIPP

Anzeichen für Entspannung
Woran man erkennt, ob das Abspannen erfolgreich war? Zum einen sollte der Schweiß gut abgetrocknet sein, zum anderen müssen Puls und Atmung wieder normale Werte aufweisen. Die normale Pulsfrequenz eines Pferdes liegt bei 28 bis 40 Schlägen pro Minute. Die Atemfrequenz bei 8 bis 14 Atemzügen pro Minute. Die Pulsmessung erfolgt an der Innenseite des Unterkiefers. Auch seitlich der Schweifrübe, etwa eine Handbreit unterhalb des Schweifansatzes, lässt sich der Puls eines Pferdes erfühlen. Das Herz wird links, etwas hinter dem Ellenbogen, an der Brustwand abgehört. Die Atmung lässt sich durch Beobachten des Rippenbogens zählen.

Das kann auf unterschiedliche Weise geschehen. Entspanntes Schrittgehen ist sicherlich die gesündeste und effektivste Maßnahme. Das macht man so lange, bis der Schweiß getrocknet ist und sich Puls- und Atemfrequenz wieder im normalen Bereich befinden.
Als andere Alternativen kommen eine Führanlage, ein Solarium oder die gute alte Abschwitzdecke infrage.

Kreislaufkollaps und Stresssyndrom

Auch ein Kreislaufkollaps ist nach übermäßiger Belastung des Pferdes nicht auszuschließen. Dies ist allerdings mehr eine direkte Folge der Überbelastung als eine des übereilten Wegstellen des Pferdes.
Nicht zuletzt ist auch die Psyche des Pferdes zu erwähnen. Eine stressfreie Phase ist nach körperlicher Forderung genau das Richtige, um ein Pferd zu beruhigen und seine Nerven für spätere Anforderungen zu stählen.

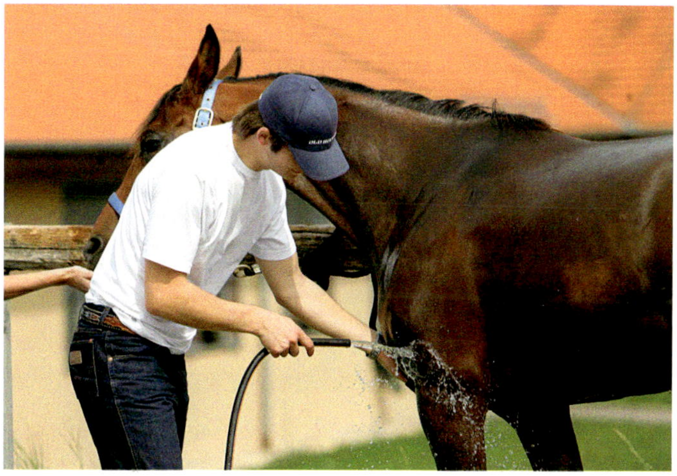

Nach dem Absatteln erfrischt eine kleine Dusche Beine und Schultermuskulatur. Im Sommer kann auch die Sattellage ausgewaschen werden.

Ob ich mir das merken kann?

Bahnfiguren

Es wäre ja langweilig, in der Reitbahn immer nur im Kreis zu reiten. Deshalb gibt es Hufschlagfiguren. Das sind vorgegebene Wege, die auf dem Reitplatz oder auch in der Reithalle geritten werden. Beim Reiten von Hufschlagfiguren vollziehst du mit dem Pferd gerade und gebogene, schlangen- und auch kreisförmige Linien und Wendungen. Sinn und Zweck des Ganzen ist eine Gymnastizierung des Pferdes und die Verbesserung der reiterlichen Hilfen.

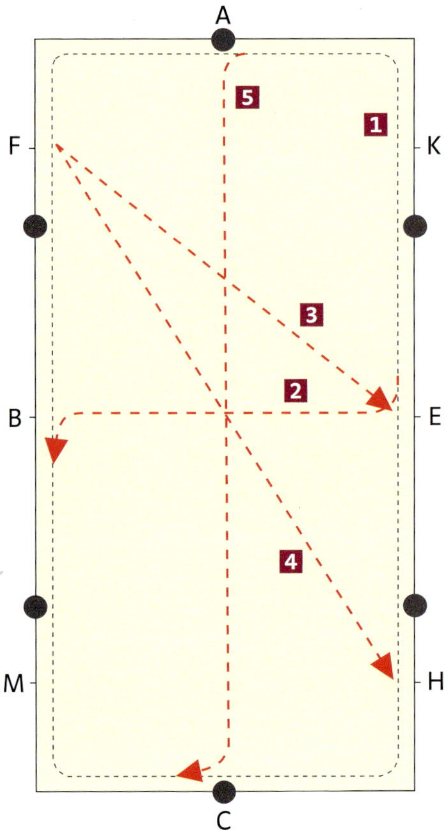

1 Ganze Bahn: entlang der Bande um die gesamte Bahn reiten;

2 Halbe Bahn: entlang der Bande, bei E oder B zum gegenüberliegenden Bahnpunkt abbiegen;

3 Durch die halbe Bahn wechseln: nach der zweiten Ecke der kurzen Seite abwenden und in einer Diagonalen zur Mitte der gegenüberliegenden langen Seite reiten;

4 Durch die ganze Bahn wechseln: nach der zweiten Ecke der kurzen Seite abwenden und in einer Diagonalen zur gegenüberliegenden Ecke reiten;

5 Durch die Länge der Bahn wechseln: von der Mitte der kurzen Seite zur Mitte der gegenüberliegenden kurzen Seite reiten.

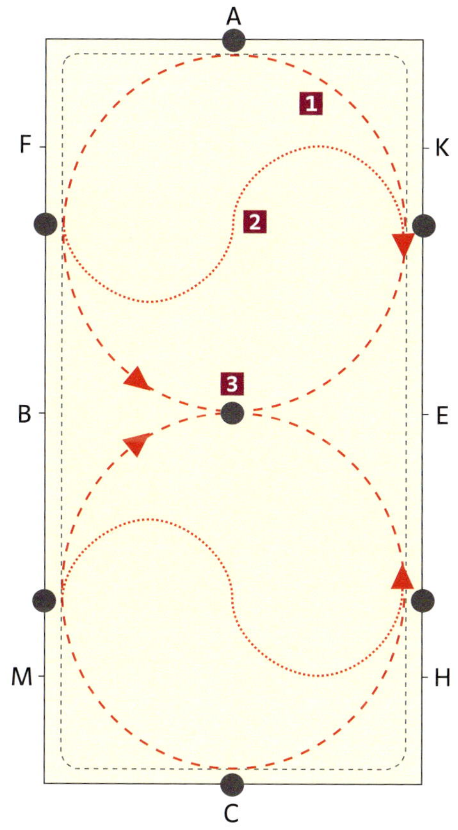

1 Auf dem Zirkel geritten: einen Kreis zwischen den Zirkelpunkten reiten; an diesen muss das Pferd jeweils parallel zur Bande stehen;

2 Durch den Zirkel wechseln: nach dem Zirkelpunkt an der langen Seite in einer geschwungenen Linie in die Zirkelmitte steuern, auf die andere Hand wechseln;

3 Aus dem Zirkel wechseln: auf dem Zirkel reiten und am Wechselpunkt X in der Bahnmitte auf den anderen Zirkel und damit die Hand wechseln.

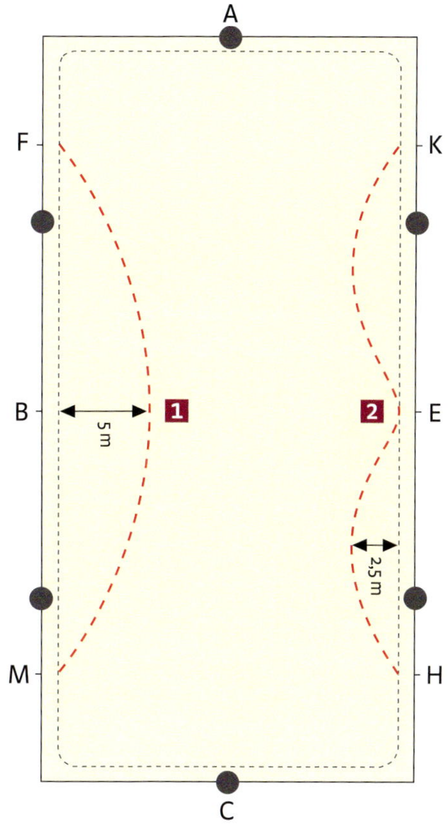

1 Einfache Schlangenlinie: vom Zirkelpunkt bis zum mittleren Bahnpunkt B oder E 5 Meter ins Bahninnere und wieder hinaus reiten;

2 Doppelte Schlangenlinie: vom Zirkelpunkt zwei gleichmäßige Bögen jeweils 2,5 Meter ins Bahninnere und wieder hinaus reiten.

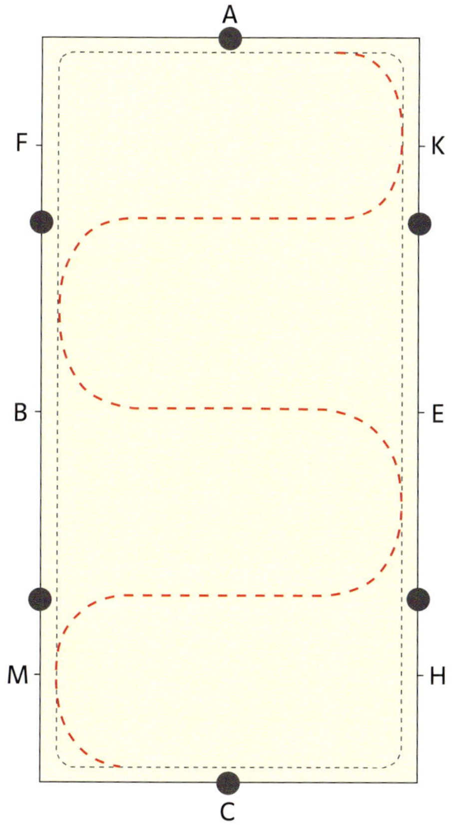

Schlangenlinie in fünf Bögen: die Bögen gleichmäßig auf die Bahnlänge verteilen, man kommt auf der gleichen Hand wieder an.

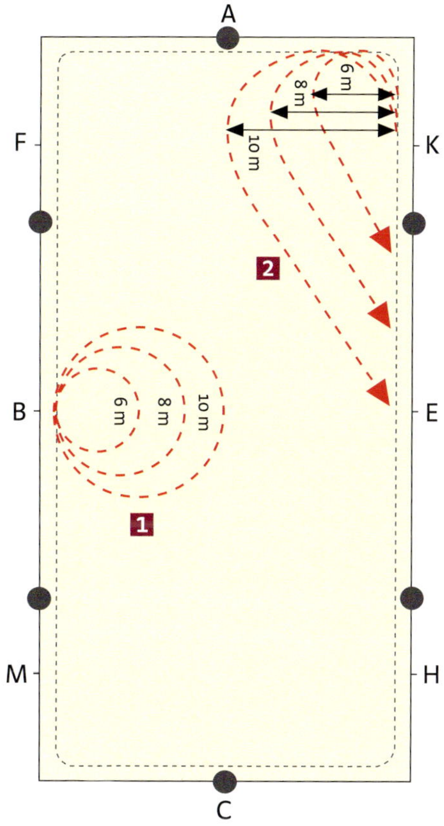

1 Volte reiten

2 Aus der Ecke kehrt

Ordentlich nach rechts und links

Seitengänge

Schulterherein, Schenkelweichen und auch Traverslektionen gehören zu den Seiten- beziehungsweise Seitwärtsgängen. Hierbei geht es darum, das Pferd nicht gerade gerichtet nach vorne zu reiten, sondern es vorwärts-seitwärts zu bewegen.

Schulterherein

Beim Schulterherein wird die Vorhand des Pferdes vom Hufschlag aus in die Bahn hinein gerichtet. Ideal ist in etwa eine Schrittlänge. Die Hinterhand verweilt währenddessen auf dem Hufschlag. Das Pferd wird hierbei nach innen gestellt und gebogen.
Um ein korrektes Schulterherein zu reiten, bedarf es präziser Hilfen: 1. Blickwendung nach innen, 2. Körperdrehung des Reiters nach innen. Damit erreicht man ein Vornehmen der äußeren und ein Zurücknehmen der inneren Hand. Nachdem das Pferd mit der gewünschten Abstellung der Vorhand gefolgt ist, musst du am äußeren Zügel eine Parade geben, um zu verhindern, dass das Pferd in die Bahn läuft.

Der innere Schenkel treibt nun am Gurt. Der Schenkel befindet sich in der korrekten Position, wenn sich der vordere Stiefelrand am hinteren Gurtrand befindet. Der äußere Schenkel verweilt eine Handbreit hinter dem Gurt, um ein Ausfallen der Hinterhand zu verhindern.

Schenkelweichen

Auch das Schenkelweichen ist eine Vorwärts-Seitwärts-Bewegung. Das Pferd ist bei dieser Lektion gegen die Bewegungsrichtung gestellt, aber nicht gebogen. Schenkelweichen ist nicht nur in Dressurprüfungen der Klasse A gefordert, sondern erweist sich auch als gute Vorbereitung auf spätere Traversalen. Was viele nicht wissen: Schenkelweichen

Schulterherein

Schenkelweichen

Trabtraversale

Über Kreuz gehen will gelernt sein.

funktioniert auch im Trab. Das Pferd soll auf jeden Fall im sauberen Takt der entsprechenden Grundgangart und auch im gleichmäßigen Tempo bleiben.
Die Hilfengebung ist unabhängig von der Gangart gleich. Befindet sich das Pferd auf dem Hufschlag, wird der Kopf zur Bande gestellt. Seine Vorhand bleibt auf dem Hufschlag, seine Hinterhand geht Richtung Bahnmitte, und zwar etwa in einem 45-Grad-Winkel zum Hufschlag.

Travers

Das Travers ist eine weiterführende Lektion, die aus dem Schenkelweichen heraus entwickelt werden kann. Das Pferd ist bei dieser Vorwärts-Seitwärts-Bewegung in Bewegungsrichtung gestellt und gebogen. Seine Vorhand verweilt auf dem Hufschlag, während die Hinterhand zur Bahnmitte geführt wird. Das Travers soll geschmeidig und schwungvoll nach vorn geritten werden, wobei die Vorder- und Hinterbeine des Pferdes möglichst weit kreuzen sollen. Das Pferd bewegt sich dabei auf vier Hufschlägen.

Traversale

Eine Traversale mag auf den ersten Blick wie ein Travers aussehen, aber es gibt einen gravierenden Unterschied: Das Pferd bewegt sich nicht entlang des Hufschlags, sondern entlang einer gedachten Diagonalen. Traversalen sind somit variierbar. Es gibt ganze, halbe etc. Die einfachen ganzen Traversalen führen von einer langen Seite diagonal durchs Viereck zur gegenüberliegenden langen Seite. Die halben eben nur von der Mittellinie zum Hufschlag oder vom Hufschlag zur Mittellinie. Um eine Traversale richtig zu beginnen, ist es wichtig, sofort die Vorhand führen zu lassen, um den häufigen Fehler „Hinterhand voraus“ zu vermeiden. Tipp: Der Reiter soll sich vorstellen, jede Traversalverschiebung aus einem Schulterherein zu beginnen. Das Pferd wird in die Bewegungsrichtung gestellt und schulterherein geritten. Dann nimmt der Reiter seinen äußeren Schenkel weit hinter den Gurt und verlagert sein Gewicht auf den inneren Gesäßknochen. Der innere Schenkel treibt am Gurt vorwärts, der äußere seitwärts.

Renvers

Ein Renvers ist praktisch die umgekehrte Version des Travers. Es handelt sich um einen Seitengang auf zwei Hufschlägen. Dabei ist die Vorhand des Pferdes in Bewegungsrichtung geradeaus gestellt und befindet sich auf dem zweiten inneren Hufschlag. Die Hinterhand ist leicht zur Bande gewandt und befindet sich auf dem äußeren Hufschlag. Der Reiter gibt dieselben Hilfen wie beim Travers – nur eben genau umgekehrt.

Prima vorbereitet

Turnier

Die Teilnahme an einem Turnier ist für viele ein Höhepunkt der reiterlichen Laufbahn. Alle sind ordentlich herausgeputzt und zeigen vor den Augen kritischer Richter ihr Können. Klar ist es aufregend, sich mit anderen zu messen. Das Herz schlägt bis zum Hals, wenn die Platzierungen bekannt gegeben werden. Man freut sich, wenn die eigenen Leistungen mit einer goldenen oder silbernen Schleife belohnt werden. Aber man sollte sich auch nicht ärgern, wenn die anderen dieses Mal besser waren als man selbst. Beim nächsten Turnier kann schon alles ganz anders aussehen.

FN

Die Abkürzung FN steht für „Deutsche Reiterliche Vereinigung". Doch wo ist das F, und wo versteckt sich das N? In der französischen Bezeichnung „**F**édération Equestre **N**ationale" (= nationale reiterliche Vereinigung), die einfach ins Deutsche übertragen wurde. Die FN organisiert den deutschen Turniersport und ist für die Förderung des Spitzensports zuständig. Und sie macht noch viel mehr: Sie ist der Dachverband aller deutschen Züchter, Reiter, Fahrer und Voltigierer. Insgesamt sind über 750.000 Mitglieder der in Warendorf ansässigen Vereinigung angeschlossen. Die FN ist die größte Pferdesport-Vereinigung der Welt.

Kategorien

Turniere werden in drei unterschiedliche Kategorien eingeteilt: C, B und A. Bei deinem ersten Turnier startest du in der Kategorie C. Diese gehört zum breitensportlichen Bereich. Sie umfasst auch viele spielerische Wettbewerbe, wie Reiterspiele, und andere Wettbewerbe, wie Führzügelklassen und Reiterwettbewerbe. Die Klasse E (= Eingangsstufe) gehört noch zur Kategorie C. Die Klasse A (= Anfangsstufe) wird schon der nächsten Kategorie, also B, zugeordnet.

Zu jedem Turnier gehört ein Abreiteplatz.

Vor dem Losreiten grüßt du die Richter.

Um dich für ein C-Turnier anzumelden, brauchst du ein spezielles Nennungsformular, das du bei deinem Reitverein oder dem Turnierveranstalter anfordern kannst.

■ LPO

LPO ist die Abkürzung für „Leistungs-Prüfungs-Ordnung“. Hierbei handelt es sich um das Regelwerk für alle nationalen Turniere. Die LPO dient der Durchführung von Wettbewerben und Leistungsprüfungen. Dabei wird ein klares Ziel verfolgt: Die Förderung des Reit-, Fahr- und Voltigiersports. Alle vier Jahre wird die LPO von der FN und den Landesverbänden überarbeitet. So ist sie immer aktuell und optimal an den modernen Turniersport angepasst.

■ Schleifen

Sie sind die Krönung jedes Turniers – zumindest für die erfolgreichen Reiter. Schleifen sind rosettenförmige Abzeichen aus Seide oder Stoff, deren Farbe der Platzierung zugeordnet wird. Der Sieger erhält eine goldene Schleife, der Zweitplatzierte eine silberne und der Drittbeste eine weiße Rosette. Dann folgt Blau für den vierten und Rot für den fünften Platz. Alle anderen bekommen meistens grüne Rosetten. Schleifen werden bei der Siegerehrung an der Trense des Pferdes befestigt. Scheut es aufgrund der flatternden Trophäe an seinem Kopf, kann die Schleife auch am Sattel oder deinem Stiefel festgemacht werden.

Turnier-Trophäen

Die Schleife kann auch am Stiefel befestigt werden, wenn dein Pferd sie am Kopf nicht mag.

■ Turnierbekleidung

Auf Turnieren gelten bestimmte Vorschriften. Auch für die Kleidung. Denn Jeans und Turnschuhe haben hier ebenso wenig verloren wie Baseballkappen und Strickjacken. Das gilt für alle Turniere. Wobei die Art des Turniers schon über den gewünschten Kleidungsstil entscheidet. Im Dressurviereck kleidet man sich nun einmal anders als auf der Vielseitigkeits-Geländestrecke. Doch meistens beginnt die Turnierkarriere mit Dressur. Um hier einen guten Eindruck zu machen, solltest du eine weiße oder zumindest eine helle Reithose tragen. Dazu gründlich geputzte Reitstiefel. Es müssen keine Lederreitstiefel sein – Kunstlederstiefel tun es auch. Auf Turnieren sind schwarze Stiefel bunten Modellen auf jeden Fall vorzuziehen. Ganz wichtig ist ein sicher sitzender Reithelm mit Kinnriemen. Und ein gut passendes Jackett. Auch hier solltest du gedeckte Farben wie Schwarz oder Dunkelblau wählen. Unter die taillierte Reitjacke gehört ein weißes Hemd oder ein Plastron. Das ist ein schlipsähnlicher Einsatz, der den Ausschnitt des Jacketts wie eine Bluse ausfüllt. Plastrons sehen besonders gut aus, wenn du noch eine kleine Plastron-Nadel daran befestigst. Das ist eine Art Brosche – oft eine Mini-Reitgerte aus Silber. Auch weiße Reithandschuhe gehören zur klassischen Turnierbekleidung. Und falls du lange Haare hast, solltest du sie vor dem Turnier zu einem Pferdeschwanz oder Knoten zusammenbinden. Wichtig: Du solltest dich vor jedem Turnier genau erkundigen, welche Bekleidungsvorschriften dort gelten.

Dem Sieger wird mit Handschlag gratuliert.

Nach der Siegerehrung kommt die Ehrenrunde.

TIPP

Checkliste Turnier

- Sattel, Trense, weiße Satteldecke
- Kopfnummern
- Ersatzgummis für die eingeflochtene Mähne
- Abschwitzdecke
- Putzkiste
- Heunetz, Wassereimer, Futter
- Pferdepass
- Reitkappe, weiße Reithose, dunkles Jackett, weiße Bluse, Handschuhe, Stiefel
- Verpflegung
- Helfer (Mama, Papa, Freunde)

Pure Eleganz

Dressurreiten

Die Harmonie von Pferd und Reiter zu erreichen, ist das höchste Ziel der Dressurreiterei. Hierbei geht es nicht nur darum, bestimmte Lektionen möglichst perfekt zu reiten, sondern vor allem auch darum, das Pferd optimal zu gymnastizieren. Eine gute Gymnastizierung stärkt die Muskulatur des Pferdes und hält seine Gelenke geschmeidig. Die Bandbreite der Dressurreiterei reicht von der Grundausbildung bis hin zur anspruchsvollen Hohen Schule.

Dressurpferd

Die erfolgreichsten Dressurpferde kommen aus der deutschen Warmblutzucht. Seit einigen Jahren sieht man auch gelegentlich barocke Typen wie Andalusier in den Dressurvierecken, aber sie verbuchen bei Weitem nicht dieselben Erfolge. Überragende Bewegungen und Ausstrahlung machen ein gutes Dressurpferd aus. Gefragt sind imponierende Trabverstärkungen und ein hohes Maß an Versammlung, um Lektionen wie Piaffe und Passage zu zeigen. Dressurpferde zeichnen sich außerdem durch Gelassenheit, Intelligenz und Leistungsbereitschaft aus.

Dressursattel

Ein Dressursattel hat ausgesprochen lange Sattelblätter, die es dem Reiter ermöglichen, mit fast vollständig gestreckten Beinen zu sitzen. Dressursättel fördern exakte und einfühlsame Schenkel- und Kreuzhilfen. Für längere Ausritte solltest du aber besser einen Vielseitigkeitssattel nehmen, denn Dressursättel geben nicht viel Halt. Auch zum Springen sind sie nicht geeignet.

Dressursitz

Der Dressursitz gilt als Basis aller anderen Sitzformen. Deshalb nennt man ihn auch Grundsitz. Du erkennst den Dressursitz daran, dass Schulterblätter, Gesäß und Absatz des Reiters eine Linie bilden. Die zweite Linie wird durch die Unterarme, Zügel und das Pferdemaul gebildet.

Dressurviereck

20 x 60 Meter ist das offizielle Maß eines Dressurvierecks. Zumindest dann, wenn auf der Reitbahn internationale Turniere ausgetragen werden. Für einen reinen Ausbildungsplatz oder ein nationales Turnier reichen auch die Maße 20 x 40 Meter. Eine angemessene Begrenzung und ein angemessener Bodenbelag sind erforderlich. Rund um das Dressurviereck findest du sogenannte Bahnpunkte. Das sind Buchstaben, die Anhaltspunkte für die Bahnfiguren geben: M, B, F, A, K, E, H, C. Du kannst dir die Reihenfolge der Buchstaben einfach nicht merken? Kein Problem. Präge dir den folgenden Merksatz ein: „**M**ein **B**ester **F**reund **A**nton **K**ann **E**inen **H**eben, **C**heerio!"

Ein Dressurviereck, in dem internationale Turniere ausgetragen werden, ist 20 x 60 Meter groß.

Trotz allem Ehrgeiz solltest du nie vergessen, dein Pferd für seine Leistungen zu loben.

Gangmaße

Alle drei Grundgangarten im Arbeitstempo zu reiten ist die Basis der Dressurreiterei. Ob dein Pferd im Arbeitstempo geht oder nicht, kann man ganz einfach überprüfen. Wenn seine Hinterhufe genau in die Abdrücke der Vorderhufe – oder etwas darüber – treten, bewegt sich dein Pferd im Arbeitstempo. Mit zunehmender Versammlung verkürzt sich die Schrittfolge, dafür werden die Bewegungen aber höher. Mehr Raumgriff entwickelt dein Pferd hingegen beim Mittelschritt, Mitteltrab und Mittelgalopp. Alle drei liegen jeweils zwischen Arbeitstempo und starkem Tempo, bei dem nicht nur der Raumgriff, sondern auch die Geschwindigkeit zunimmt.

Lektionen

„Lektionen – das ist das, was die ‚Kringelreiter', die ‚Hufschlagakrobaten' machen, wie Dressurreiter oft spöttisch genannt werden", lacht Grand Prix-Reiterin und Dressurrichterin Dr. Britta Schöffmann. Es gibt sehr viele verschiedene Lektionen und Hufschlagfiguren, die ein Dressurreiter beherrschen sollte. Die spektakulärsten sind sicherlich Piaffe, Passage, Pirouette, Traversale, starker Trab und Einerwechsel, bei denen das Pferd bei jedem Galoppsprung umspringt.
Aber auch weniger spektakuläre Lektionen wie Vorhandwendungen, Schulterherein oder einfache Galoppwechsel sind wichtig. Und übrigens auch gar nicht so einfach zu reiten, wenn alles korrekt sein soll. Dressuraufgaben werden in allen drei Grundgangarten in vorgegebener Reihenfolge geritten.

Starker Trab gehört zu den Dressur-Lektionen.

Prüfungsklassen

Innerhalb der Dressur unterscheidet man verschiedene Prüfungsklassen, deren Schwierigkeitsgrad variiert. Die geringsten Anforderungen werden in der Klasse E (Eingangsstufe) gestellt. Dann folgt die Klasse A (Anfangsklasse) und die Klasse L (Leicht). Deutlich schwieriger wird das Ganze in den Klassen M (Mittelschwer) und S (Schwer). Und dann gibt es noch die Grand Prix-Klasse – die Königsdisziplin des Dressursports.
Die einzelnen Dressuraufgaben findest du im „Aufgabenheft gemäß Leistungs-Prüfungs-Ordnung (LPO)". Das Aufgabenheft ist eine Ergänzung zur offiziellen LPO, die von der Deutschen Reiterlichen Vereinigung (FN) und den Landesverbänden erarbeitet wird.

Dieses Paar startet in Klasse S – der schweren Dressur.

Reiterliche Herausforderung

Hohe Schule

Wenn ein Reitpferd die höchste Vollendung gemäß der klassischen Reitkunst erreicht, beherrscht es die Lektionen der Hohen Schule. Das setzt eine Dressur-Ausbildung voraus, die von den natürlichen Veranlagungen des Pferdes ausgeht, dabei aber auch allerhöchste Anforderungen an die Fähigkeiten des Reiters stellt. Die Hohe Schule umfasst „Schulen auf der Erde" und „Schulen über der Erde".

Cadre Noir

Der „Schwarze Kader" (Cadre Noir) existiert seit 1814 im französischen Städtchen Saumur. Früher handelte es sich um ein Militär-Elitekorps, heute ist es eine zivile Eliteschule der Staatlich-Nationalen Reitschule. Der Cadre Noir selbst besteht aus circa 25 Reitern, den Ecuyers (= Reitmeistern). Ihre Aufgabe besteht in der persönlichen Vervollkommnung der reiterlichen Fähigkeiten und der Ausbildung des Nachwuchses. Der Cadre Noir sattelt überwiegend französische Warmblüter (Selle Français), Anglo-Araber und Vollblüter.

Königlich-Andalusische Reitschule

Offiziell heißt sie Real Escuela Andaluza del Arte Ecuestre. Diese Reitschule ist in Spanien die erste Adresse, wenn es um

Levade

Pesade

den Erhalt der klassischen Reitkunst spanischer Prägung geht. Im Gegensatz zu den Schulen in Wien und Saumur wurde sie erst 1973 gegründet. Dennoch gelten auch hier alte traditionelle Werte. Zu ihren Aufgaben gehört weiterhin die Zucht und Auswahl der berühmten Kartäuser-Hengste (Cartujanos).

Spanische Reitschule Wien

Die „Wiener Hofreitschule" wurde 1572 gegründet und ist eine Hochburg der klassischen Reiterei. Damals waren spanische

Pferde in Europa sehr beliebt. Deshalb bildeten sie auch die Grundlage der Spanischen Hofreitschule Wien. Im Gestüt stehen heute 50 bis 60 Lipizzaner, die im Gestüt Piber gezüchtet werden. Die Bewahrung der klassischen Reitkunst ist das erklärte Ziel der legendären Reitschule.

Schulen auf der Erde

Piaffe, Passage und Pirouette gehören – neben weiteren Lektionen – zu den Schulen auf der Erde: Piaffieren klingt so elegant, bedeutet aber eigentlich „Stampfen". Und in der Tat stampft das Pferd bei der Piaffe ganz schön auf den Boden auf. Der Trab auf der Stelle wirkt aber nicht plump, sondern elegant. Zumindest dann, wenn er perfekt geritten wird.

Auch der Begriff Passage kommt aus dem Französischen. Er lässt sich mit „Vorbeigehen" übersetzen. Erhabene Trabschritte kennzeichnen die Passage, die auf das Imponiergehabe von Hengsten zurückgeht. Frei laufende Hengste präsentieren sich in ganz ähnlicher Weise, wenn sie Stuten „schöne Augen" machen wollen. Eine korrekt gerittene Passage sieht aus wie ein Trab im Zeitlupentempo.

Courbette

Die Pirouette gilt als schwierigste Galopplektion. Das Pferd galoppiert und wendet dabei fast auf der Stelle. Die Hinterhand bewegt sich in einem kleinen Kreis. Die Vorderhand beschreibt einen großen Kreis.

Die Schulen auf der Erde prägen die gesamte Dressurreiterei. Sie sind die Grundlage internationaler Dressurprüfungen.

Schulen über der Erde

Sie sind spektakulär und sorgen immer für donnernden Applaus – die Schulen über der Erde. Pesade, Levade und die Schulsprünge Courbette und Capriole gehören dazu. Sie werden nur noch an wenigen Orten professionell gelehrt; zum Beispiel an der Spanischen Reitschule Wien, beim Cadre Noir im französischen Saumur und in der Königlich-Andalusischen Reitschule im spanischen Jerez.

Die Pesade wird aus der Piaffe entwickelt. Die Vorhand des Pferdes erhebt sich in einem 45-Grad-Winkel zum Boden. Das sieht aus, als würde das Pferd steigen, aber eben ganz kontrolliert und nicht zu hoch. Die Hinterbeine sind leicht eingeknickt (Hankenbeugung), aber nicht so stark wie bei der Levade. Zwar hebt sich auch bei der Levade die Vorhand, jedoch bleibt sie unter der 45-Grad-Winkelung. Die Levade gilt als Vollendung der Pesade. Die Hankenbeugung des Pferdes ist bei der Levade stark ausgeprägt.

Schulsprünge gelten als besonders schwierig:

Bei der Courbette (oder auch Kurbette) erhebt sich das Pferd aus der Piaffe zur Pesade oder Levade und springt vier- bis fünfmal auf der Hinterhand, ohne dabei mit den Vorderbeinen den Boden zu berühren.

Die Capriole (oder auch Kapriole) wird auch als Ziegen- oder Hirschsprung bezeichnet. Sie gilt als schwierigster Schulsprung. Um eine Capriole zu springen, entwickelt das Pferd aus der Piaffe eine Pesade und springt ab. Wenn es waagerecht in der Luft ist, schlägt es extrem schnell mit beiden Hinterbeinen aus, wobei diese einen Moment lang gerade gestreckt sind. Die Hinterbeine müssen beim Strecken dicht zusammenbleiben. Bei der Landung kommt das Pferd gleichzeitig mit allen vier Hufen zum Stehen.

Reiten wie ein König

Klassisch-barocke Reitweise

Die klassisch-barocke Reitweise ist in den letzten Jahren immer mehr in Mode gekommen. Manche Reiter interessieren sich vor allem für den äußerlichen Bereich des Barocks: Sie legen größten Wert auf barocktypische Ausrüstung von Reiter und Pferd. Darunter sind Spezialisten für historische Gewänder, die sich zum Teil auch intensiv mit der barocken Kultur auseinandersetzen. Andere wollen vor allem die klassisch-barocke Reiterei erhalten. Den Stand, den die barocke Reiterei inzwischen in Europa erlangt hat, gab es laut Barock-Reitmeister Richard Hinrichs noch nie: „Wir befinden uns in der Hochblüte der klassischen Reiterei."

Barockpferde

Lipizzaner, Andalusier, Lusitanos, Friesen, Knabstrupper, Barockpintos, Kladruber – das sind nur einige Beispiele für barocke Pferdetypen. Sie entsprechen nicht dem gängigen Schönheitsideal moderner Sportpferde, sondern überzeugen durch ganz andere Qualitäten. Sie sind meistens etwas kleiner und kompakter. Außerdem bringen sie die Veranlagung zur Hohen Schule mit sich und bestechen nicht selten mit meterlangen Mähnen, üppigen Schweifen und einer eindrucksvollen Knieaktion. Auch ramsnasige Profile sind in der Barockreiterei gerne gesehen. Schließlich zeigen viele Pferde auf Gravuren aus Zeiten des Barocks diese Kopfform.

Bundesverband für klassisch-barocke Reiterei

Die moderne Dressurreiterei basiert zwar auf den Grundsätzen der klassischen Reitkunst, sie klammert jedoch auch Elemente aus, die einst dazugehörten. Zum Beispiel die gewichtslose Arbeit (Doppellonge etc.) als fester Bestandteil der Ausbildung, Schulsprünge und das Reiten im Damensattel. Der Bundesverband für klassisch-barocke Reiterei setzt sich für den Erhalt dieser klassisch-barocken Elemente und traditioneller Reittechniken aus dem iberischen und französischen Bereich ein. Er ist der Deutschen Reiterlichen Vereinigung (FN) angeschlossen und verfügt über ein eigenes Ausbildungssystem für klassisch-barocke Trainer. Auch die Légèrté (= Leichtigkeit), mit der selbst die schwierigsten Lektionen geritten werden sollten, wird vom Verband gefördert.

Kladruber (vorne) und iberische Pferde (hinten) gehören zu den Barockpferderassen.

Die klassisch-barocke Reitweise erfordert höchste Perfektion.

Richard Hinrichs ist einer der führenden Ausbilder innerhalb der klassisch-barocken Reitweise.

Sie war einst Bestandteil der Turnierregeln für Dressurreiter, wurde jedoch 1958 ersatzlos gestrichen.

François Robichon de la Guérinière

Ihm ist nicht nur die Lektion Schulterherein zu verdanken – François Robichon de la Guérinière war auch einer der bekanntesten Reitmeister des Barocks. Er lebte von 1688 bis 1751 und gründete eine eigene Reitakademie in Paris. Später leitete er die königliche Reitschule. Er schrieb auch eine bedeutende Reitlehre, die „Ecole de Cavalerie" (= Schule der Reiterei). Darin fasste er das Wissen alter Reitmeister zusammen und ergänzte es durch neue Ansätze, deren Einflüsse bis heute die klassisch-barocke Reiterei prägen. François Robichon de la Guérinière lehnte Zwangsmittel im Rahmen der Pferdeausbildung rigoros ab. Stattdessen befasste er sich mit dem Wesen und den natürlichen Veranlagungen des Pferdes.

Richard Hinrichs

Barock – das steht für Opulenz und Verspieltheit. Richard Hinrichs, weltweit einer der führenden Ausbilder in klassisch-barocker Reitweise, hat von alledem etwas. Im positivsten Sinne. Wenn er auf seinem Kladruber-Hengst „Favory Ravella" in barocker Montur in die Schauarenen reitet, erblüht sie erneut, die Zeit des 17. und 18. Jahrhunderts, in der die Barock-Epoche ihre größten Triumphe feierte. Man spürt ihn förmlich, den Flair, den Reitmeister wie der Franzose François Robichon de la Guérinière früher am Hofe des Königs versprühten. Levade, Passage, Piaffe und Capriole – alles wirkt wie ein Spiel, ganz zwanglos, und ist von unvergleichlicher Leichtigkeit.

Die klassisch-barocke Reitweise ist Richard Hinrichs Steckenpferd. Er setzt auf opulente Pferde mit markanten Köpfen, edelstes Sattelzeug und auf eine Reiterei, die höchste Disziplin voraussetzt. Tagtäglich sitzt der Jurist vier Stunden lang im Sattel. Außerdem leitet er das Institut für klassische Reiterei Hannover e. V. und ist als Ausbilder für die Fortbildung im Bereich der klassisch-barocken Reitweise tätig. Er vertritt auch den Bundesverband für klassische Reiterei, der wiederum der Deutschen Reiterlichen Vereinigung e. V. (FN) angeschlossen ist.

Auch in der Showreiterszene ist die klassisch-barocke Reitweise sehr beliebt.

Richtig hoch hinaus

Springreiten

Springreiten ist eine recht junge Sportart, die sich aus der traditionellen Jagdreiterei entwickelte. Erst um 1900 gab es die ersten organisierten Springturniere. Der Italiener Federico Caprilli entwickelte einen speziellen Springsitz und machte die neue Disziplin dadurch bekannter. Dann ging alles ganz schnell: Schon 1912 war Springreiten als olympische Sportart anerkannt. Auf dem internationalen Turnierparkett werden Springturniere mit der Abkürzung CS bezeichnet. Das steht für „Concours Saut obstacle“ (= Springwettbewerb).

Federico Caprilli

Caprilli (1868–1907) war Rittmeister der italienschen Armee. Er begründete die „Italienische Reitmethode“ und erfand den entlastenden Springsitz. Viele belächelten den Mann, der sich über dem Sprung leicht nach vorne neigte, um das Pferd zu entlasten. Doch auch die letzten Zweifler wurden überzeugt, als Caprilli 1902 im für ihn typischen Springsitz einen Springrekord von 2,08 Metern aufstellte.

Hindernisse

Beim Springsport müssen Hindernisse überwunden werden. Und da gibt es ganz unterschiedliche Typen: zum Beispiel Steilsprünge, die für manche Pferde besonders schwierig einzuschätzen sind. Hierzu gehören folgende Hindernisse:

Obwohl im großen Springsport Männer dominieren, sind auch viele Mädchen im Springparcours erfolgreich.

- das Rick, das aus mehreren zwischen zwei Ständern aufgelegten Stangen besteht
- die Mauer, ein Steilsprung, der oft aus einzelnen Holzblöcken besteht
- gekreuzte Stangen, deren Überwindung für viele Pferde am einfachsten ist
- das Gatter mit besonders flachen Auflagen
- rustikale oder Naturhindernisse, die nur aus natürlichen Materialien bestehen

Und es gibt **Hochweitsprünge**, die oft ziemlich mächtig aussehen:

- Oxer, ein Hochweitsprung aus zwei hintereinander aufgestellten Ricks
- der Fächersprung, der aus drei Stangen besteht, die von einem Ständer aus gefächert aufgestellt werden
- die Triplebarre, die aus drei Stangen mit ansteigender Höheneinstellung besteht
- der Schweinerücken, bei dem die mittlere der insgesamt drei Stangen am höchsten liegt

Auch offene oder überbaute Wassergräben gehören zu einem richtigen Springparcours. Vor ihnen scheuen viele Pferde. Das Überspringen von Wasser ist ihnen unheimlich.

Springparcours

Bei Springprüfungen muss jeder Reiter einen vorgeschriebenen Parcours überwinden. Der besteht aus einer bestimmten Anzahl von Hindernissen. Die meisten Hindernisse werden einzeln übersprungen, aber es gibt auch Zweier- und Dreier-Kombinationen, zwischen denen jeweils nur wenige Galoppsprünge Platz haben.

Nicht vergessen: Zuerst das Herz über den Sprung werfen, dann folgt der Rest schon hinterher.

Springprüfung

Springprüfungen werden gemäß der Leistungs-Prüfungs-Ordnung (LPO) ausgerichtet. Bei nationalen Turnieren gibt es die Klassen E, A, L, M und S. Internationale Springprüfungen sind Ein-, Zwei- oder Drei-Sterne-Prüfungen.
Darüber hinaus gibt es auch Stilspringprüfungen, Springpferdeprüfungen und Springreiterwettbewerbe – die Einsteigerklassen des Springsports. Mit ihnen sollen Pferd und Reiter an den anspruchsvollen Springsport herangeführt werden.

Stechen

Bei einem Springturnier siegt der Reiter, dessen Pferd in der kürzesten Zeit die wenigsten Strafpunkte bekommen hat. Jeder Abwurf einer Stange, jeder Sturz des Reiters, die Verweigerung eines Sprungs und Überschreitungen der Maximalzeit bringen Strafpunkte ein. Allerdings gibt es auch Springprüfungen mit Stechen. Hierbei muss der erste Durchgang fehlerfrei überwunden werden. Beim zweiten Durchgang, dem Stechen, treten die fehlerfreien Paare nochmals gegeneinander auf einem verkürzten Parcours mit höheren Hindernissen an.

Strafpunkte

Für jeden Fehler gibt es Strafpunkte. So bringt das erste Verweigern eines Hindernisses drei Fehlerpunkte. Beim zweiten Verweigern schlagen sechs Fehlerpunkte zu Buche und beim dritten scheiden Pferd und Reiter aus. Fällt beim Überspringen des Hindernisses eine Stange, gibt es vier Strafpunkte.
Das passiert auch, wenn das Pferd mit seinen Hufen in den Wassergraben tritt. Stürzen Pferd und/oder Reiter, gibt es acht Strafpunkte.
Abgesehen von der dritten Verweigerung eines Hindernisses führen auch das Springen in falscher Reihenfolge und das Überschreiten der Höchstzeit zum Ausschluss.

Sagenhaft lässig

Westernreiten

Man muss kein Cowboy sein, um sich fürs Westernreiten zu begeistern. Viele Freizeitreiter steigen gerne in den Westernsattel, weil er unheimlich bequem ist und sicheren Halt gibt. Ideale Voraussetzungen für einen entspannten Ausritt. Aber das ist natürlich nicht alles, was der Westernreitsport zu bieten hat. Es gibt verschiedene Disziplinen, die ganz unterschiedliche Anforderungen an Pferd und Reiter stellen. Sogar Tonnenrennen (Barrel Race) und Fahrsport (Western Driving) gehören mit dazu. Und spezielle Westernpferderassen gibt es auch. Die berühmtesten sind Quarter Horses, Paint Horses und Appaloosas.

Cutting

Beim Cutting geht es darum, ein Rind aus einer Herde zu lösen und daran zu hindern, zu seiner Herde zurückzukehren. Diese Aufgabe übernimmt das Pferd in den folgenden zweieinhalb Minuten, und zwar völlig selbständig. Es behält das Rind genau im Auge und springt gezielt hin und her, um ihm den Weg abzuschneiden. Beim Cutting muss ein Pferd eine Vielzahl von Qualitäten unter Beweis stellen, wenn es erfolgreich sein soll. Blitzschnelles Antreten und atemberaubende Wendungen werden von Cutting-Profis genauso erwartet wie perfekt ausbalancierte Bewegungen und ein angeborener Cow Sense – ein feines Gespür für die Rinderarbeit.
Cutting ist eine Western-Disziplin, die Heerscharen von Menschen auf die Zuschauerränge lockt. Die brodelnde Atmosphäre einer bis auf den letzten Platz besetzten Veranstaltungshalle gleicht einem Hexenkessel. Aufgewirbelter Staub, brüllende Kälber und gestählte Hochleistungs-Pferde mit lässigen Cowboys im Sattel ... Das ist eine Mischung, der sich kaum einer entziehen kann.

Cutting ist eine „Rinder-Disziplin".

Halter-Show

Auf Hochglanz poliert geht es zur Halter-Show. Die Pferde werden nicht geritten, sondern an Halftern (= Halter) den Richtern vorgeführt. Diese bewerten den Körperbau des Pferdes und seine Bewegungen.

Reining

Die Disziplin Reining ist der unumstrittene Klassiker der Westernreiterei und auch olympische Disziplin. Die extrem hohen Anforderungen, die bei den aus der Rancharbeit entwickelten Aufgaben (Pattern) Pferd und Reiter abverlangt werden, können nur auf der Basis eines soliden Trainings erfüllt werden. Das Pferd soll sich bei durchhängendem Zügel versammelt tragen und mit kaum sichtbaren Hilfen kontrollieren

Beim Trailreiten soll dein Pferd ganz lässig über verschiedene Hindernisse gehen.

lassen. Dabei darf es weder übereifrig noch heiß geritten wirken. Zu den Pattern gehören die spektakulären Sliding Stops, bei denen das Pferd aus dem vollen Galopp zum Stehen kommt. Und auch Roll Backs, ein plötzlicher Richtungswechsel aus dem Galopp. Nur wer Geschwindigkeit, Durchlässigkeit, Ausführungsqualitäten und Kontrolle gekonnt miteinander verbindet, kann ein erfolgreicher Reiner sein.

Trail

Beim Trail muss ein Geschicklichkeits-Parcours mit verschiedenen Hindernissen überwunden werden. Dazu gehören das Überqueren einer Brücke und das Rückwärtsrichten durch Stangen, die L-förmig am Boden liegen.

Versatility Ranch Horse

Versatility heißt Vielseitigkeit. Und der Name ist ab sofort Programm im Westernreitsport. Kenner wissen, dass die neue Westerndisziplin Versatility Ranch Horse allerhöchste Ansprüche an Pferd und Reiter stellt. Man muss nicht von allem etwas, sondern von allem alles können. Wer ansonsten nur in einer bestimmten Disziplin glänzt, guckt bei der großen Vielseitigkeits-Prüfung ganz schön schnell in die Röhre. Ehre und Ruhm erntet nur, wer gleich in fünf verschiedenen Klassen überzeugt. Da muss das Pferd durch Rittigkeit und Nervenstärke überzeugen. Außerdem bei der Arbeit an der Rinder-

Zum Westernreiten gehört ein schicker Cowboyhut. Übrigens nicht nur was für Jungs.

herde glänzen und zielstrebig durch einen Hindernis-Parcours gehen. Kurz: Es muss alles können, was von einem richtigen Ranch-Pferd erwartet wird.

Western Pleasure

In dieser Prüfung werden die Grundgangarten des Pferdes unter dem Reiter in einer Abteilung gezeigt: Walk (Schritt), Jog (langsamer Trab) und Lope (Galopp). Das Pferd sollte auf die feinsten Hilfen reagieren. Ziel ist ein müheloser Gesamteindruck. Schließlich heißt Pleasure ja auch „Vergnügen".

Working Cowhorse

Diese Disziplin besteht aus zwei unterschiedlichen Aufgaben. Zuerst müssen Pferd und Reiter eine verkürzte Reining zeigen. Das wird „Dry Work" (= Trockenarbeit) genannt. Danach folgt die „Fence Work" (= Zaunarbeit). Ein Rind wird an der kurzen Seite der Bahn zum Halten gebracht (Boxing). Dann darf es loslaufen und muss nun vom Reiter an der langen Seite der Reitbahn entlang getrieben und mindestens einmal in jede Richtung gegen die Bande gewendet werden. Zum Abschluss muss das Rind in der Bahnmitte vom Pferd umzirkelt werden.

Westernpferde sind besonders nervenstark.

150 Dollar Preisgeld winkten dem Gewinner des ersten Cutting-Turniers. Das war vor über 100 Jahren. Inzwischen ist viel passiert: Die schwindelerregend hohen Preisgelder der Cutting-Wettbewerbe liegen in den USA auf Platz drei der Geldregen-Skala – nach Tennis und Golf, aber immerhin. Sage und schreibe 17 Millionen Dollar Preisgelder werden in den USA auf über 1.500 Cutting-Turnieren jährlich gewonnen.

Ein echtes Cutting-Pferd arbeitet völlig selbständig – auch ohne Trense.

Super rasant

Im Auge des Stiers

Die Uhr tickt. Der lässige Cowboy mit dem schneidigen Hut hat nun genau 150 Sekunden Zeit, um der johlenden Masse auf den Rängen zu beweisen, was er kann. Er kaut nervös an der Unterlippe. Natürlich kann er sich auf sein Pferd verlassen, aber schließlich weiß man nie, wie das Rind drauf ist. Bloß keine schlechte Figur machen. Das ist momentan alles, was zählt.
Wenn alles gut läuft, wird der Reiter an zwei bis drei Rindern arbeiten. Womöglich noch in der Mitte der Arena. Geht alles schief, kann er bis zum Ertönen des Signals nur an einem Rind seine Fähigkeiten überprüfen.
Das muskulöse Quarter Horse wirkt cool. Es weiß genau, was gleich von ihm erwartet wird: Rinder aus der Herde separieren und anschließend mit möglichst spektakulären Showeinlagen daran hindern, in die sichere Gruppe zurückzukehren. Kein Thema für ein geübtes Cutting Horse.

Teamwork

Vier Helfer, die sich der Cutter zuvor selbst auswählen durfte, stehen ihm zur Seite. Die sogenannten Herdholder sind für die Rinderherde zuständig. Andere Reiter, die Turnbacks, helfen – wenn erforderlich – beim Zurückdrängen des Rindes zur Herde.
Geübte Cutter wählen mit sicherem Auge bereits früh ein Rind aus, das sie arbeiten wollen. Hierbei kommt es nicht darauf an, ein leichtes Opfer auszuspähen, sondern ein Exemplar zu erwischen, das eine möglichst gute Präsentation ermöglicht. Schließlich will jeder Teilnehmer zeigen, was in ihm und seinem hochtrainierten Pferd steckt.

Vor dem Cutten werden die Rinder zusammengetrieben bis Ruhe einkehrt.

Zur Sache

Nun hat das Pferd die etwa zehn Meter vor der Herde liegende Ziellinie überquert. Die Show beginnt. Schon hat das geübte Team ein Rind von der Herde getrennt und geht in Position. Die Reiter-

hände liegen dicht über dem Pferdehals. Das Pferd arbeitet nun aus eigenem Antrieb. Die schweren Lederzügel hängen durch, und schon bewegt sich das Quarter Horse mit katzenhaften Bewegungen rasant nach rechts und links.
Für den Reiter ist es nicht immer leicht, den blitzschnellen Reaktionen des geduckt arbeitenden Pferdes mit dem eigenen Körper zu folgen. Zu heftig ist der Bewegungsablauf. Man braucht sehr viel Übung, um nicht aus dem Gleichgewicht zu kommen und das Pferd zu stören. Sieg oder Niederlage? Das entscheidet sich binnen Sekunden.

Nun muss ein Rind an der Rückkehr zur Herde gehindert werden.

Leidenschaft Cutting

Eingefleischte Cutter behaupten, diese Disziplin lasse einen nie wieder los. Wer einmal auf einem Cutting-Pferd gesessen und die entfesselten Naturgewalten gespürt habe, verfalle diesem außergewöhnlichen Sport ein Leben lang.
Der Suchtfaktor beschränkt sich allerdings nicht nur auf die Reiter. Auch beim Publikum sind solche Tendenzen zu spüren. Man johlt und jubelt, pfeift, springt von den Stühlen ... Bei einem Cutting-Wettbewerb gleicht der Veranstaltungsort einem brodelnden Hexenkessel.

Cow Sense

Nur Pferde mit Cow Sense, dem speziellen Gespür für das Rind, haben das Zeug zum Cutting-Star. Die Kunst, ein Rind in solcher Perfektion zu kontrollieren, ist nicht erlernbar, sondern angeboren. Oft ist schon früh erkennbar, ob ein Pferd das magische Gespür für Kühe hat oder nicht. Während der Arbeit am Rind lernt solch ein Pferd natürlich noch eine ganze Menge dazu und wird mit der Zeit immer besser. All das beruht aber auf einer angeborenen Veranlagung und nicht auf dem Training durch den Reiter oder anderen Tricks.
Ein gutes Cutting Horse „liest" das Rind. Das bedeutet, dass es bereits vor dem Rind weiß, was dieses in der nächsten Sekunde tun wird. Nach rechts rasen? Auf die linke Seite flüchten oder voranstürmen? Das Pferd ist schneller und schneidet dem Rind den Weg ab, was unter Insidern als „to cut" (abschneiden) bezeichnet wird. Großer Ehrgeiz und der Wille zu siegen sind bei guten Cutting Horses stark ausgeprägt.

Regeln

Cutting unterliegt strengen Regeln. Sobald ein Rind von der Herde separiert wurde, darf der Reiter nicht mehr mit den Zügeln einwirken. Jetzt gilt es, sich auf die Bewegungen des Pferdes einzustellen und mithilfe einer Hand am Sattelhorn das Gleichgewicht zu halten. Möchte das Rind überhaupt nicht zur Herde zurückkehren, hebt der Reiter die Zügel an, um Pferd und Richter zu signalisieren, dass er das Rind aufgeben will. Offiziell wird folgender Moment als „Quitten" bezeichnet: Der Reiter hebt die Zügelhand und legt die freie Hand auf den Hals des Pferdes.
Schöner ist es natürlich, wenn die Rechnung voll aufgeht: Richter wollen Pferde sehen, die das Rind selbstbewusst kontrollieren und nicht etwa gewaltsam bezwingen. In dem Moment, in dem das Pferd Kontrolle über das Rind hat, verharrt es regungslos. So soll es zumindest sein.

Katzenhaft springt das Pferd hin und her.

Bisons sind weitaus gefährlicher als Rinder.

Sattelfestigkeit gefragt

Vielseitigkeitsreiten

Die ersten Vielseitigkeits-Wettbewerbe wurden vor rund 100 Jahren in Frankreich ausgerichtet. Sie galten der Überprüfung der Vielseitigkeit der Militärpferde und machten schnell Schule. Schon bald gab es diese Prüfungen bei fast allen europäischen Armeen. Deshalb wurden Vielseitigkeits-Prüfungen auch lange als Military bezeichnet. In der Anfangsphase waren Military-Ritte sehr strapaziös für Pferd und Reiter. Es gab viele Verletzungen und auch Todesfälle. Die moderne Vielseitigkeitsreiterei hat damit nichts mehr zu tun. Sie ist ein Kombinations-Wettbewerb aus Dressur-, Gelände- und Springreiten. Insider bezeichnen die Vielseitigkeit als „Krone der Reiterei", weil sie alle traditionellen, klassischen Reitsportarten vereint.

Ausrüstung des Reiters

Beim Reiten solltest du ohnehin immer einen Reithelm tragen. Die Vielseitigkeitsreiterei stellt aber darüber hinaus einige Ansprüche an deine Ausrüstung. Zu Reithose, Reitstiefeln, Reithandschuhen und Reithelm gehört im Gelände eine Sicherheitsweste. Sie kann schlimme Verletzungen verhindern oder zumindest abmildern, wenn du stürzt. Fortgeschrittene Vielseitigkeitsreiter tragen stumpfe Sporen und haben eine Gerte dabei. Auch das dient der Sicherheit. Spitze Sporen könnten das Pferd verletzen, wenn es vor einem imposanten Hindernis zur Seite springt oder andere unerwartete Bewegungen macht. Die Springgerte kann an der Schulter oder hinter dem Reiterschenkel eingesetzt werden, um die Hilfengebung zu verstärken.

Buschwerk ist für Pferde schwer einzuschätzen.

Ausrüstung des Pferdes

Und auch die Ausrüstung des Pferdes muss stimmen, wenn es eine Vielseitigkeits-Karriere einschlagen soll. Ganz wichtig sind rundum geschlossene Gamaschen (Beinschutz). Normale Springgamaschen sind vorne offen und reichen nicht aus, um ein Pferd auf der Geländestrecke zu schützen. An den Vorderbeinen solltest du Gamaschen mit einer Hartschale im Sehnenbereich anlegen. An die Hinterbeine gehören Gamaschen, die den vorderen Bereich der Beine stabil abdecken. Das schützt beim Anschlagen an festen Hindernissen. Außerdem verhindern Springglocken an den Vorderhufen, dass sich das Pferd mit den Hinterhufen in die vorderen Ballen tritt und sich dabei verletzt. Als Hilfszügel ist bei der Vielseitigkeitsreiterei ein Martingal erlaubt. Das sollte allerdings korrekt verschnallt sein und auch nur von Reitern benutzt werden, die einfühlsame Hände haben.

Geländehindernisse

Sogenannte Natursprünge sind typisch für die Geländestrecken der Vielseitigkeitsreiter. Das können Baumstämme, Holzstöße, Gräben, Hecken oder Strohballen sein. Bunt bemalte Stangen, die beim leichtesten Anschlagen herunterfallen, gibt es hier nicht. Geländehindernisse sind feste Hindernisse und haben spezielle Namen: „Pulvermanns Grab" (Coffin) ist beispielsweise eine Kombination aus einem Einsprung, einem Graben und einem Aussprung. Der „Trakehner Graben" ist ein Graben, über dem ein Baumstamm thront.

Military

Die Vielseitigkeitsreiterei wurde lange Zeit als Military bezeichnet. Das liegt am Ursprung dieser in Frankreich erfundenen Disziplin. Beim Military mussten Armeepferde ihre Vielseitigkeit unter Beweis stellen. Dabei ging es über Stock und Stein. Man erwartete, dass das Pferd auch unter extremen Bedingungen stets gehorsam ist. Schließlich sollten sich die Soldaten auch im Kriegsfall auf ihre Tiere verlassen können. Rittigkeit, Mut und Fitness waren die wichtigsten Kriterien. Zuerst gab es nur Ausdauerritte, die so anstrengend waren, dass sie längst nicht alle Pferde überlebten. Erst zu Beginn des 20. Jahrhunderts spielte allmählich auch die Gesundheit des Pferdes eine Rolle. Dennoch meisterten die Military-Pferde nach wie vor unglaubliche Strapazen; lange Ritte durch schwieriges Gelände, die Bewältigung hoher, breiter Geländesprünge im schnellen Tempo und schließlich noch die Dressuraufgabe.

Und ab ins Wasser!

Vielseitigkeitsprüfung

Ein Vielseitigkeitsturnier braucht vor allem eines: Platz. Denn es besteht aus mehreren Teilprüfungen. Dazu gehören eine Dressur-Prüfung, eine Prüfung auf dem Springparcours, ein Geländeritt und eine Querfeldeinstrecke mit festen Hindernissen. Den Auftakt macht immer die Dressur. Die Anforderungen, die im Dressurviereck und auf dem Springparcours gestellt werden, sind niedriger als in vergleichbaren Dressur- oder Springprüfungen außerhalb der Vielseitigkeit. Bei der Vielseitigkeitsprüfung zählt der Gesamteindruck, nicht die Einzelleistung.

Checkliste Vielseitigkeitspferd

Interieur: einwandfreier Charakter, mittleres Temperament, hellwach, aber nicht nervös, ehrgeizig, gehfreudig, springfreudig
Exterieur: moderne Warm- und Vollbluttypen, ausgeprägte Muskulatur, rechteckiger Körperbau
Bewegung: gute Selbsthaltung; energische, raumgreifende, flache Bewegungen
Rasse: ein hoher Vollblutanteil – auch bei Warmblütern – ist wünschenswert; er bringt Galoppiervermögen und Ausdauerbereitschaft

Baumstämme sind tolle Naturhindernisse.

Hochweit-Sprünge gehören zum Vielseitigkeits-Parcours.

Wasser wird unter Vielseitigkeitsreitern als „der feuchte Schreck" bezeichnet.

Sehr anstrengend

Jagdreiten

Rote Reitröcke, bunt gefleckte Hunde und schnaubende Pferde gehören ebenso zu einer klassischen Jagd wie das Horn, aus dem das legendäre Halali ertönt. Ausdauer und reiterliches Können sind die Grundvoraussetzungen, um an einer Jagd teilzunehmen. Und da ist es ganz gleich, ob es sich um eine Schleppjagd mit Hundemeute oder eine Reitjagd ohne Hundemeute handelt.

Felder

Beim Jagdreiten gibt es unterschiedliche Felder. Meistens sind es drei. Im ersten Feld muss gesprungen werden, im zweiten darf man springen, und im dritten ist Springen verboten. Wer ein junges, unerfahrenes Pferd reitet oder selbst noch keine Jagderfahrungen gesammelt hat, sollte auf jeden Fall im dritten Feld starten. In den ersten beiden Feldern ist eine enorme Kondition gefragt.

Hundemeute

Eine Meute besteht aus 50 bis 140 Hunden. Die Größe beziffert man mit „Koppeln". Eine Koppel besteht immer aus zwei Hunden. Eine 140-köpfige Koppel umfasst folglich 70 Koppeln. In Deutschland gibt es rund 20 Meuten, in Großbritannien mehrere hundert. Auch in Frankreich und den USA sind viele Meuten im Einsatz. English und American Foxhounds, Beagles und verschiedene französische Jagdhunde sind zurzeit die beliebtesten Meutehundrassen. In Deutschland werden Jagdhundemeuten entweder von Privatpersonen unterhalten oder von Schleppjagdvereinen finanziert. Ihre Zucht und Haltung ist teuer und erfordert jede Menge Platz.

American und English Foxhounds sind beliebte Meutehundrassen.

Zu einer Jagd gehört ein Jagdhorn. Damit wird das „Halali" geblasen.

Parforce-Jagd

Die Parforce-Jagd ist eine blutige Jagdform, die in Deutschland schon 1934 verboten wurde. In Großbritannien war sie bis 2004 erlaubt. Bei einer Parforcejagd hetzt die Hundemeute einen Fuchs. Die Jagdgesellschaft verfolgt Fuchs und Hunde zu Pferde. Oft entkommt der Fuchs, natürlich werden aber auch immer wieder welche erlegt oder zu Tode gehetzt. Ursprünglich diente diese Form der Jagd der Aufbesserung des Speisezettels. Später vergnügten sich vornehmlich Adlige bei der Parforce-Jagd.

Reit- oder Fuchsjagd

Nein, Füchse werden in Deutschland schon lange nicht mehr von Jagdreitern gejagt. Dafür trägt einer der Reiter jedoch einen Fuchsschwanz an seiner Schulter, und den gilt es zu erbeuten. Die Jagdgesellschaft verfolgt ihn über eine Geländestrecke, die zuvor genau vom Veranstalter festgelegt wurde. Dabei wird viel galoppiert und auch gesprungen. Anschließend geht es darum, sich die Trophäe des „Fuchsschwanz"-Reiters zu holen. Das ist allerdings nicht bei allen Reit- oder Fuchsjagden der Fall.

Echte Füchse werden in Deutschland schon lange nicht mehr von Reitern gejagt.

Schleppjagd

Bei einer Schleppjagd ertönt Hundegebell. Die bunte Meute gehört einfach zu dieser traditionellen Jagdform, die an historische Vorbilder erinnert. Aber natürlich darf auch hierbei kein Fuchs zu Schaden kommen. Stattdessen wird vor der Jagd eine Schleppe (Scent) gelegt. Hierzu wird unter anderem Fischlake verwendet. Manche Schlepper reiten die Strecke mit einem Pferd ab und lassen den Scent aus einer präparierten Wärmflasche heraustropfen. Die Hundemeute nimmt später diese Spur auf und verfolgt sie mit lautem Gebell, das von Insidern als Spurlaut bezeichnet wird. Der sogenannte Huntsman behält die Meute genau im Auge, während die Jagdreiter der bunten Truppe folgen. Zum krönenden Abschluss der Jagd dürfen sich die Hunde – nach dem feierlichen Halali – über das „Curée" hermachen – das sind meistens Pansenstücke. So sind sie zufrieden, auch wenn es kein Stück vom Fuchs gibt.

Tradition

Jagdreiten hat Tradition. Und deshalb sind Reit- und Schleppjagden nach wie vor ein festlicher Anlass. Hierzu gehört unter anderem die Überreichung des „Bruchs" am Ende der Jagd. Hierbei überreichen Jagdherr oder Jagdherrin den Teilnehmern ein Eichenblatt oder einen Fichtenzweig. Das Eichenblatt gibt es nur bis zum 3. November, dem Hubertustag. Danach müssen Nadelbäume „Federn" lassen.

Auch die roten Reitröcke gehören zur Jagdtradition. Sie haben nichts mit männlicher Eitelkeit zu tun, sondern sollten die Jagdreiter im Wald besser erkennbar machen. Der schicke weiße Schal, der den Ausschnitt des Reitrocks füllt, heißt Plastron. Und auch hier verbirgt sich ein praktischer Nutzen: Mit dem Plastron wurden früher stark blutende Verletzungen abgebunden. Sowohl beim Pferd als auch beim Reiter.

Kleines Jagdreiter-ABC

Anlegen: Das Auslegen der Fährte
Curée: Rinderpansen, den die Hunde am „Halali-Platz" erhalten
Equipage: Master, Huntsman, Schleppenleger, Piköre
Geläut: Hundegebell
Hetzpeitsche: Peitsche mit gebogenem Horngriff und einem geflochtenem zwei Meter langem Schlag. Sie wird von Equipage-Mitgliedern eingesetzt, um die Hunde zu verwarnen.
Huntsman: Führer der Meute
Huntinghorn: Das Hunde-Rufhorn des Huntsman
Koppel: Zwei Hunde, die während der Ausbildung aneinandergekoppelt sind
Kennel: Hundezwinger
Master: Besitzer der Meute
Meute: Alle zur Jagd verwendeten Hunde
Pack: (engl.) Die Meute
Pikör: Gehilfe des Huntsman
Scent: Ausdünstung der Fährte
Überschießen: Die Meute verfehlt die Fortsetzung der Fährte und schießt sozusagen über das eigentliche Ziel hinaus.
Die Hunde verweilen stumm und versuchen, die Fährte erneut aufzunehmen. Sobald die Fährte wieder aufgenommen ist, ertönt lautes Geläut.

Bei der Schleppjagd ist eine Hundemeute mit dabei.

Schön feurig

Spanische Reitkunst

Die spanische Reitweise gilt als Ursprung der klassischen Reitweise und somit auch des Dressurreitens. Schon früh erkannten Reiter die Qualitäten iberischer Pferderassen, zu denen Pura Raza Española, Lusitanos und Andalusier gehören. Im 16. und 17. Jahrhundert erreichte die spanische Reitweise ihren Höhepunkt. Sie beeinflusste fast alle europäischen Fürstenhöfe. In den Stallungen standen fast ausschließlich iberische Rassen oder Pferde, deren Blut durch spanischen Einfluss veredelt wurde. Seit einigen Jahren scheint die spanische Reitweise eine neue Blütezeit zu erleben.

Cartujano – das Kartäuser-Pferd

Cartujanos bilden eine Untergruppe der Andalusier. Ihr Ursprung liegt im 15. Jahrhundert bei den Kartäuser-Mönchen aus Jerez de la Frontera. Das spanische Königshaus hatte den Mönchen Land zur Verfügung gestellt, um dort edle Pferde zu züchten. Das ließen sich die gläubigen Männer nicht zweimal sagen. Sie bauten eine Zucht auf, deren Qualität als unübertroffen gilt. In der Königlich-Andalusischen Reitschule wird die Cartujano-Zucht bis heute fortgesetzt.

Doma Vaquera und Doma Alta

Die spanische Gebrauchsreiterei der Kampfstier- und Rinderhirten wird als Doma Vaquera bezeichnet. Sie verfolgt in erster Linie einen praktischen Nutzen, nämlich den, die Rinderherde mithilfe von Pferd und Reiter in Schach zu halten. Doch einige Elemente der Doma Vaquera wurden längst zur Kunstform hochstilisiert. Sie sind Bestandteil der Hohen Schule der spanischen Reitweise, die als Doma Alta bezeichnet wird. Die königlich-andalusische Reitschule im spanischen Jerez de la Frontera ist für die Pflege dieses hohen reiterlichen Kulturguts zuständig. Auch berittene spanische Stierkämpfer präsentieren ihre Pferde auf einem ähnlich hohen Niveau.

Spanische Pferde habe jede Menge Temperament.

Garrocha

Im Gegensatz zu Cowboys, die bei der Arbeit Lassos schwingen, ist die über zwei Meter lange Holzlanze mit der Stahlspitze, die Garrocha, das Haupthandwerkszeug der Rinderhirten. Der Umgang mit der Holzlanze erfordert viel Geschick, Kraft und Übung. Es gilt, mit ihrer Hilfe Rinder voran zu treiben oder angriffslustige Stiere fernzuhalten. Manchmal wird auch ganz gezielt ein ausgebrochener Stier mit der Holzlanze gereizt, damit er wutentbrannt hinter dem Vaquero herstürmt und sich auf diese Weise zurück zur Herde locken lässt.

Ein typisch spanischer Trensenschmuck

Klassische Reitkunst

Im westlichen Europa entwickelte sich im Laufe der Jahrhunderte eine spezielle Reitweise, die als klassische Reitkunst bezeichnet wird. Die spanische Reitweise hat hierbei großen Einfluss ausgeübt. Offensichtlich hatte auch der um 426 v. Chr. geborene Grieche Xenophon, der die erste Reitlehre niederschrieb, Kenntnis von der iberischen Reiterei. Im 16. und 17. Jahrhundert waren die spanischen Genetten (Vorfahren des Andalusiers) und die versammelnde Reitweise an fast allen europäischen Fürstenhäusern populär. Die spanische Reitkunst bahnte sich über die berühmte Neapolitanische Reitschule (Italien) ihren Weg nach Frankreich, wo sie von den französischen Reitmeistern Antoine de Pluvinel und François Robichon de la Guérinière perfektioniert wurde. Die Gebrauchsreiterei von Soldaten und Rinderhirten entwickelte sich zur hohen Reitkunst. Ihr Ziel: Die reiterliche Beherrschung des Pferdes auf höchstem Niveau bis zur Hohen Schule.

Königlich-Andalusische Reitschule

In der Real Escuela Andaluza del Arte Equestre im spanischen Jerez de la Frontera wird die spanische Reitkunst bewahrt und in höchster Präzision geritten. Davon können sich Besucher im Rahmen beeindruckender Schauprogramme überzeugen, die auch jede Menge Folklore bieten. Neben imposanten Einzellektionen gibt es eine Dressur-Quadrille in traditionellen Trachten. Die Reiter sitzen auf Kartäuserhengsten – echten Cartujanos.
Die Königlich-Andalusische Reitschule wurde 1973 gegründet. Ihr obliegt die Zucht und Auswahl der besten Cartujano-Hengste. Eine überragende Dressurveranlagung ist hierbei wichtig. Außerdem bemüht sich die Schule um die Bewahrung der traditionellen spanischen Reitkunst. Und damit der Nachwuchs gesichert ist, bilden die spanischen Reitmeister auch hochbegabte Schüler aus.

Vaquero

Ein Vaquero ist ein berittener spanischer Rinderhirte. Er ist für Rinder oder auch Kampfstiere verantwortlich. Da Stiere mitunter sehr aggressiv und wendig sind, müssen Vaqueros und ihre Pferde ebenfalls blitzschnell reagieren können. Das setzt ein hohes reiterliches Können und ein gut ausgebildetes Pferd voraus.

Die spanische Reiterei gilt als Wiege der klassischen Reitkunst.

Die kleine Señorita auf der Kruppe des Pferdes muss ganz schön sattelfest sein.

Spanische Reiterei und Flamenco-Tanz gehören zusammen.

Eine Garrocha ist eine lange Holzstange, mit der früher spanische Rinderhirten arbeiteten. Inzwischen hat die Garrocha-Reiterei aber den Sprung ins Scheinwerferlicht großer Pferdegalas gefunden. Hierbei handelt es sich um hohe Reitkunst, die Pferd und Reiter viel abverlangt. Auch in Deutschland gibt es ausgezeichnete Garrocha-Reiter. Einer von ihnen ist Fritz Krümmel, der sich als Jugendlicher nur für die Dressurreiterei und Warmblüter interessierte. Inzwischen sattelt er fast ausschließlich spanische Pferde.

Tanz mit der Garrocha

Das geht auch ohne Stier

Fritz Krümmel thront hoch oben im rustikalen Hirtensattel auf einem imposanten Schimmel. Er ist von Kopf bis Fuß perfekt im spanischen Stil gekleidet. In der rechten Hand hält er die Garrocha, eine bis zu vier Meter lange Holzstange, Zubehör der traditionellen Doma Vaquera, einer ehemaligen Arbeitsreitweise.
Mit der linken Hand führt der erfahrene Pferdeausbilder sicher und einfühlsam die Zügel der Kandare und demonstriert rasante Wendungen, die ein temperamentvolles, aber auch nervenstarkes Pferd erforderlich machen. Die blitzschnellen Reaktionen des Pferdes werden im Idealfall übrigens nicht etwa mithilfe scharfer Kandareneinwirkungen, sondern über gezielte Gewichtshilfen des Reiters erzielt. Fritz Krümmel weiß jedenfalls genau, wie er sein Gewicht in dem derben Hirtensattel mit den kohlenschaufelähnlichen Steigbügeln verlagern muss, um das Maximum aus seinem Pferd herauszuholen.

Ganz schön anspruchsvoll

Der Schweif des wunderschönen Wallachs ist sorgfältig hochgebunden – eine Sicherheitsmaßnahme, damit sich das lange glänzende Haar des Pferdes nicht versehentlich in der Garrocha verfängt.
Die langen schwarzen Fransen des Stirnriemens schwingen im Galopp rhythmisch hin und her. Ihr eigentlicher Zweck besteht darin, Fliegen aus dem empfindlichen Gesichtsbereich des Pferdes fernzuhalten, aber auch als dekoratives Schmuckstück geben sie spanischen Impressionen den letzten Schliff.
Bei der Garrocha-Reiterei geht es nicht nur darum, die lange, relativ leichte Holzlanze kunstvoll zu führen – Reiter und Pferd zeigen auch Seitwärtsgänge, Galoppwendungen rund um die Garrocha herum, Galoppwechsel, abruptes Halten und schnelles Rückwärtsrichten. Also fast das ganze Repertoire der anspruchsvollen Reiterei, nur viel schneller.

Die Doma Vaquera

Doma Vaquera klingt zwar unglaublich schick, bezeichnete ursprünglich aber nichts anderes als die Arbeitsreitweise der spanischen Hirten. Die Bewachung beziehungsweise das Treiben der Rinderherde und das Aussondern einzelner Tiere gehörte zu den vielfältigen Aufgaben der Vaqueros. Dass blitzschnelle Wendungen und rasante Stopps erforderlich sind, um dieser Arbeit effektiv nachzugehen, liegt auf der Hand. Diese grundlegenden

Garrocha-Reiterei ist hohe Kunst.

Eigenschaften sind weltweit bei fast allen Arbeitsreitweisen, zum Beispiel dem Cutting, wiederzufinden.
Die Garrocha galt unter anderem als Hilfsmittel, um die Angriffslust von zukünftigen Kampfstieren auszutesten. Sie wurde allerdings auch bei der täglichen Hütearbeit eingesetzt.

Als der Funke übersprang

Wieso Fritz Krümmel, der von 1980 bis 1983 eine Berufsreiter-Ausbildung gemäß der strengen FN-Richtlinien absolvierte und jahrelang erfolgreich Dressurpferde bis Klasse S vorstellte, plötzlich eine Vorliebe für die spanische Reiterei entwickelte? „Ein grundlegendes Aha-Erlebnis hatte ich mit einem jungen Andalusierhengst, den ich 1993 zum Anreiten übernahm. Die Sensibilität dieses Pferdes und sein ebenso feuriges wie ausgeglichenes Temperament stellten alle meine bisherigen Erfahrungen mit Warmblütern weit in den Schatten. So begann ich, mich durch Lektüre und Reisen zu bekannten Ausbildern Spaniens intensiv mit den iberischen Pferden und der spanischen Reitweise auseinanderzusetzen", verrät Fritz Krümmel.

Im vollen Galopp geht es rund um die lange Holzstange.

Der Lengelshof

Die Heimat des barockbegeisterten Garrocha-Reiters ist der wunderschön gelegene Lengelshof bei Düsseldorf. Seit 1997 leitet Fritz Krümmel den traditionellen Familienbetrieb, der sich zu einer Reitanlage für höchste Ansprüche entwickelt hat. Über 40 geräumige Boxen, zwölf Hektar Weideland, eine Reithalle, Außenreitplätze und ein Longierzirkel bieten Raum für Ausbildung und Training.

Garrocha-Reiter setzen ihr Gewicht ein, um das Pferd zu lenken.

Total ausdauernd

Distanzsport

Distanzreiten hat Tradition. Schon der Grieche Xenophon, der die erste Reitlehre schrieb, soll 401 v. Chr. 5.500 Kilometer auf seinem Pferd Omega bewältigt haben. Vielleicht war er einer der ersten Distanzreiter. Danach legte vor allem das Militär mit Pferden große Strecken zurück. Zum reinen Freizeitvergnügen entwickelte sich der Distanzsport jedoch erst viel später. Leider ist diese Sportart auch ein Tummelplatz für ehrgeizige Menschen, die um jeden Preis Erfolge verbuchen wollen. Das geht dann mitunter ganz schön zulasten der Pferde. Wer Distanzsport betreibt, sollte immer daran denken, dass Marathonläufer freiwillig Höchstleistungen vollbringen. Distanzpferde würden sicherlich nicht ganze Gewaltmärsche am Stück zurücklegen, wenn sie wählen könnten. Die körperlichen Anforderungen, die an sie gestellt werden, sind enorm. Ein verantwortungsbewusster Umgang mit dem Freizeitpartner Pferd sollte immer wichtiger sein als ein erfolgreicher Ritt.

Ausrüstung

Es gibt nur wenige Vorschriften, was die Ausrüstung von Distanzpferden und -reitern angeht. Vieles ergibt sich aus reiner Zweckmäßigkeit heraus. Hilfszügel, die direkt auf das Gebiss wirken, sind verboten, ebenso Zäumungen, die die Atmung des Pferdes behindern. Allerdings sieht man bei Distanzritten immer wieder Reiter, die ihre Pferde mit einer mechanischen Hackamore reiten. Hierbei handelt es sich um eine Zäumung, die massiv auf den Nasenrücken und die Unterseite des Kiefers einwirkt. Auch solche Zäumungen haben im artgerechten Umgang mit dem Freizeitpartner Pferd nichts verloren. Korrekt ausgebildet, lässt sich ein Distanzpferd auch mit Wassertrense reiten.
Ganz wichtig ist ein relativ leichter Distanzsattel mit großer Auflagefläche. Spezielle Bügelaufhängungen ermöglichen stundenlanges Leichttraben und Verweilen im leichten Sitz. Breite Auftrittflächen sind komfortabler für die Fußsohlen des Reiters. Eine variable Gurtung ermöglicht eine optimale Anpassung ans Pferd. Zum klassischen Distanzgepäck gehören Regenjacke, Nierendecke und ein Schwamm, um das verschwitzte Pferd abzuwaschen. Außerdem startet kein Distanzreiter ohne Reithelm und atmungsaktive Kleidung, die sich bei Wind und Wetter bewährt.

Vor dem Start werden die Pferde warm geritten.

Auch Ponys sind beim Distanzsport dabei.

Distanzritt

Distanzritte verlaufen nach einem festen Schema. Vor dem Start werden die Pferde aufgewärmt. Dann geht es los, und zwar in dem Tempo, in dem man sein Pferd zuvor trainiert hat.

Hackamore-Zäumungen sind im Distanzsport oft zu sehen. Da sie sehr scharf sind, darf keinesfalls mit angezogenen Zügeln geritten werden.

Gute Distanzreiter achten sehr auf die Gesundheit ihrer Pferde.

Startet man in einer Gruppe, deren Tempo vom eigenen Rhythmus abweicht, sollte man sich von dieser Gruppe trennen. Achte immer genau auf die Streckenmarkierungen. Ansonsten verreitest du dich und musst später wieder genau an der Stelle beginnen, wo du zuvor vom Weg abgekommen bist. Das kostet Zeit und Nerven. An den Trosspunkten, das sind Versorgungspunkte, werden die Pferde getränkt, und auch der Reiter darf sich stärken. Unterwegs kühlen viele Distanzreiter ihre Pferde mit einem Schwamm oder einer Wasserflasche, damit sie weniger schwitzen. Der letzte Kilometer vor der Pause wird in ruhigem Tempo geritten, damit das Pferd beim „Vet Gate", dem Tierarzt-Kontrollpunkt, keinen zu hohen Puls hat. Erst wenn sein Puls auf 64 Schläge pro Minute runter ist, wird die Reitzeit gestoppt. Damit das schneller geht, kühlen viele Reiter ihre Pferde an Hals, Schultern und Beinen. Auf die Hinterhand wird eine Decke gelegt, weil hier bei zu schnellem Abkühlen die Gefahr gesundheitlicher Probleme (z. B. Kreuzverschlag) besteht. Der Tierarzt kontrolliert nicht nur den Puls, sondern auch den Allgemeinzustand des Pferdes. Während der Pausen werden die Pferde auch getränkt und gefüttert. Sobald sie sich erholt haben, kann es weitergehen. Am Ziel wiederholt sich das Ganze. Der Pulswert muss innerhalb von 20 Minuten wieder auf 64 sein. Bei Kurz- und Mittelstrecken erfolgt zwei Stunden nach Eintreffen ins Ziel eine umfassende Nachuntersuchung. Nach langen Ritten kann es sowohl eine halbe Stunde nach dem Ritt als auch am nächsten Tag eine Nachuntersuchung geben.

Kaiserritte

Die sogenannten Kaiserritte gelten als Ursprung der modernen Distanzreiterei. Zumindest für den mitteleuropäischen Bereich. Kaiser Wilhelm II. regte diese Streckenritte 1892 an. Es ging darum, möglichst schnell die Strecke zwischen Wien und Berlin im Sattel zu bewältigen. Das sind 580 Kilometer. Die Starter waren allesamt Mitglieder des Militärs. Zu ihnen gehörten 91 preußische Offiziere, die in Berlin losritten, und 121 österreichische Militärs, deren Startpunkt Wien war. Die gesamte Strecke musste am Stück bewältigt werden. Eine große Herausforderung, die weniger als die Hälfte der Pferde durchhielten. Der Sieger erreichte sein Ziel nach rund 72 Stunden. Aufgrund der hohen Ausfallquote wurden die Distanzen der Kaiserritte danach auf 140 Kilometer und später auf 80 Kilometer verkürzt. Sie waren von 1894 bis 1914 jährliches Pflichtprogramm für deutsche Offiziere.

Tross

Viele Distanzreiter werden bei den Ritten von mehreren Helfern, dem Tross, unterstützt. Sie haben Ausrüstungsgegenstände im Auto und dürfen über öffentliche Verkehrswege an die Distanzstrecke heranfahren. Während des Rittes darf das Pferd jedoch nur mit Wasser versorgt werden. Der Einsatz von Desinfektions- oder Fliegensprays sowie Medikamenten ist nur mit Genehmigung des Tierarztes zulässig.

Eine stramme Leistung!

Traumhaftes Hobby

Fahrsport

Vor rund 4.500 Jahren spannte man Pferde erstmals an. Das war lange bevor sie geritten wurden. Im heutigen Irak und in Ägypten verdrängten Pferde damals zunehmend andere Zugtiere wie Ochsen und Halbesel. Von dort aus vollzog sich eine fast weltweite Entwicklung: Pferde zogen Bauernkarren, Kampfwagen und später auch Postkutschen und Droschken. Straßenbahnen und Feuerwehrwagen funktionierten in der ersten Zeit auch nur dank vierbeiniger PS. In der adligen Gesellschaft schätzte man kultivierten Fahrsport. Edle Kutschen kamen bei Jagden und Ausflügen zum Einsatz. Hieraus entwickelte sich das Fahren als Freizeitsport.

Achenbach

Jeder gute Fahrsportler kennt Benno von Achenbach (1861–1936). Der Begründer der deutschen Fahrkunst stellte exakte Regeln für Leinenführung und Hilfengebung auf. Die deutsche Wehrmacht übernahm sein auf englischen Grundlagen aufbauendes System und verankerte es in der deutschen Turnierordnung. Noch heute wird in der Fahrsportausbildung nach Achenbach gelehrt.

Schöne Kutschpferde ziehen alle Blicke auf sich.

Anspannen

Wenn Pferde mithilfe eines Geschirrs vor eine Kutsche gespannt werden, spricht man von Anspannen. Das Pferd trägt ein Geschirr und wird zwischen die Scherbäume der Kutsche gestellt. Diese Scherbäume muss man auf beiden Seiten des Pferdes in den Traggurten des Bauchgurtes verschnallen. Zum Abschluss wird der Zugstrang (dicke Lederriemen, die vom Pferd zur Kutsche führen) befestigt.

Anspannungsarten

Im Fahrsport gibt es ganz unterschiedliche Anspannungsarten: von einem Pferd bis hin zu ganz vielen. Ist nur ein Pferd angespannt, handelt es sich bei dem Gefährt um einen Einspänner. Bei einem Zweiergespann gehen zwei Pferde neben-

Kutschefahren macht viel Spaß.

einander. Setzen gleich drei nebeneinander laufende Pferde ihre Zugkraft ein, nennt man das Troika. Und ist eines der drei Pferde alleine in der ersten Reihe angespannt, heißt das Gespann Einhorn. Ein Viererzug setzt sich aus zwei Vorderpferden und zwei Stangenpferden zusammen. Stangenpferde sind die Pferde, die direkt an der Deichsel laufen. Die Vorderpferde führen das Gespann. Der Anzahl der Kutschpferde scheinen kaum Grenzen gesetzt zu sein. Es gibt Gespanne mit weitaus mehr als vier Pferden.

Einfahren

Bevor ein Pferd angespannt wird, muss es erst einmal eingefahren werden. Ansonsten würde es vor der Kutsche vielleicht in Panik geraten und durchgehen. Die meisten Ausbilder trainieren das zukünftige Fahrpferd an der Doppellonge. Hierbei gewöhnt sich das Pferd an Stimm- und Zügelhilfen. Gleichzeitig lernt es, sich schwungvoll zu bewegen und Wendungen zu machen. Danach wird das Pferd an das Tragen eines Fahrgeschirrs gewöhnt. Außerdem soll es ein leichtes Gewicht ziehen. Das ungewohnte Geräusch beunruhigt viele Pferde anfangs. Mit der Zeit gewöhnen sie sich aber daran.

Fahrabzeichen

Bevor man sich mit einer Kutsche und Pferden hinaus in den Straßenverkehr wagt, sollte man ein Fahrabzeichen gemacht haben. Das ist zwar keine Pflicht, aber wichtig für die Sicherheit. Die Voraussetzung für das Fahrabzeichen ist der FN-Basispass. Auf dieser Grundlage können verschiedene Fahrabzeichen – vom Einspänner bis hin zum Vierspänner – in Angriff genommen werden. Fahrabzeichen werden manchmal auch aufgrund von Turniererfolgen verliehen.

Turnierkategorien

Es gibt drei unterschiedliche Kategorien im Fahrsport:

- C-Wettbewerbe, die zur Klasse E (Einsteigerklasse) gehören. Der Sieger kann bis zu 100 Euro oder einen Ehrenpreis gewinnen.
- B-Leistungsprüfungen, die zur Klasse A (Anfänger) und Klasse M (Mittelschwer) gehören. Es gibt auch eine Kür der Klasse M. Bei dieser Leistungsprüfung kann der Sieger bis zu 450 Euro gewinnen.
- A-Leistungsprüfung der Klasse S (Schwer), ebenfalls mit zusätzlicher Kür. Hier beginnen die Preisgelder bei 500 Euro.

Wagenpferde-Ausrüstung

Im Fahrsport gibt es zwei Geschirrarten: das Brustblattgeschirr und das Kumtgeschirr. Hinzu kommen der Fahrzaum und die Achenbachleine. Obwohl man bei Kutschpferden oft Scheuklappen sieht, verzichten Freizeitfahrer meistens darauf und verwenden Fahrzäume ohne Sichtschutz. Ob man lieber mit einem Brustblattgeschirr oder einem Kumtgeschirr fährt, hängt von der persönlichen Neigung ab. Beide haben sowohl Vor- als auch Nachteile. So hat das Kumtgeschirr eine Dreipunktauflage, mit der Pferde besser ziehen können. Es muss aber an jedes Pferd individuell angepasst werden und ist deutlich teurer als ein Brustblattgeschirr mit Einpunktauflage. Das Brustblattgeschirr lässt sich durch Verschnallen problemlos an verschiedene Pferde ähnlicher Größe und Rasse anpassen.

Auch zwei Welsh Ponys können vor der Kutsche ganz schön Gas geben.

Es muss schon eine wilde Gegend sein, in der man mit einem „Eiswurm-Cocktail" begrüßt und mit einem Getränk, in dem ein alter Goldgräber-Zeh schwimmt, verabschiedet wird. Die legendäre Goldgräberzeit, Schlittenhunderennen, Nordlichter am Abendhimmel, gewaltige Bären und schmackhafte Beeren ... all das gibt es im nördlichen Teil Kanadas, wo man Polarluft schnuppern und Inuits (Eskimos) kennenlernen kann. Auf manche Menschen scheint der Yukon eine unwiderstehliche Anziehungskraft auszuüben: Zu ihnen gehören Rolf und Ingrid Schmitt, die in den Norden Kanadas reisten und Deutschland den Rücken kehrten. Dort leben sie nun mit ihren Pferden – der wiehernden Rasselbande.

Immer wieder müssen Bachläufe durchquert werden.

Tierisch kalt!

Reiten im Yukon

Zugegeben, sie sind ungewöhnlich, die lieben „Yukoner". Aber wen wundert es schon, dass sich im hohen Norden Kanadas ein Menschenschlag mit einer ganz speziellen Art von Humor angesiedelt hat? Dort gibt es viel Wildnis und wenig Menschen. Die Temperaturen bewegen sich zwischen Minus 60 Grad Celsius im sehr langen Winter und 30 Grad Celsius im sehr kurzen Sommer. Ein Leben zwischen Bären und Wölfen zieht echte Abenteurer an.

Tausche Reihenhaus gegen Wildnis

All das kann die beiden deutschen Aussteiger Rolf und Ingrid Schmitt nicht schrecken. Sie haben sich unweit von Whitehorse (der Hauptstadt des Yukon-Gebietes) gemeinsam mit neun Pferden ein urgemütliches Nest geschaffen. „Nicht zu glauben, dass wir vor einigen Jahren in einem gepflegten Reihenhaus bei Frankfurt gelebt haben", sagt Ingrid lachend. Doch dann packte es die beiden: „Wir verbrachten einen Urlaub im Yukon und kamen nicht mehr davon los. Die schöne Natur, die herzlichen Menschen und das extreme Klima zogen uns in ihren Bann", erinnert sich Rolf. Dann ging es Schlag auf Schlag: Die beiden fanden ein großes Grundstück mit Blick auf Fluss und Berge. „Wir gaben alles auf und wanderten nach Kanada aus", erzählt Rolf.

Im Sattel durch die Wildnis

Und wie sollte der Lebensunterhalt verdient werden? Dafür gab es einen genauen Plan: Im Sommer Reittouren durch das Yukon Territory anbieten und im Winter Gäste zu den interessantesten Stationen des härtesten Schlittenhunderennens der Welt, dem Yukon Quest, bringen. Das Geschäft läuft gut. Kein Wunder, denn die beiden Pferdeliebhaber stellen ein tolles Programm auf die Beine.

Morgens wärmt man sich mit heißem Tee auf.

Indian Summer-Tour

Da gibt es zum Beispiel die Indian Summer-Tour auf Yukon Horses. Die meisten Yukon-Pferde sind Kreuzungen aus Zugpferden und Quarter Horses. Ihre großen Hufe sind selbst an steinigen Steilhängen trittsicher, und schwere Lasten tragen können diese Vierbeiner auch. „Solche Pferde haben sich schon zur Zeit des

Goldrushs bewährt. Die Goldsucher setzten sie ein, um Taschen mit Gold oder ihr Hab und Gut zu transportieren", erklärt Rolf.

Natur pur

Was man auf diesem Ritt erlebt, ist ein tolles Naturspektakel: Berge, deren schneebedeckte Spitzen in der Herbstsonne leuchten, ein endloser Wald, dessen Blätter in den herrlichsten Farben glänzen, ein stahlblauer Himmel, weite Lichtungen, die mit knallrotem Buschwerk übersät sind, und fast 30 Flussläufe, die die Pferde geschickt überwinden. Und Wildtiere bekommt man auch zu sehen.

Eisige Nächte

So sonnig und herrlich die Tage sind, so kalt und lang sind die Nächte im herbstlichen Yukon. Kaum ist die Sonne weg, kriecht die Kälte aus dem Busch und lässt alle Reiter dicht am Lagerfeuer zusammenrücken. Man sitzt gemütlich beisammen und lauscht dem zufriedenen Kauen der Pferde. Sie wurden mit langen Stricken an Bäume gebunden, nachdem sie sich am Fluss getränkt haben. „Das Heu bringe ich vor jeder Tour raus an die Lagerstätten", erklärt Rolf.
Auch die kleinen Zelte sind bereits aufgebaut. „Der gefrorene Boden lädt nicht gerade dazu ein, draußen in der Wildnis zu schlafen, aber mit einer speziellen Unterlage und einem mollig warmen Schlafsack ist das gar kein Problem", versichern Ingrid und Rolf.

Das Dach der Welt

Am nächsten Morgen sitzen alle Reiter wieder im Sattel und blinzeln in die aufgehende Sonne. Nun geht es hoch hinauf. Ziel ist ein Hochplateau, das man nur mit dem Pferd, zu Fuß oder einem Helikopter erreichen kann. Es geht über schmale Pfade, die sich an tiefen Abgründen entlang schlängeln – immer steil bergauf. Auf dem Hochplateau angekommen, glaubt man sich auf dem Dach der Welt.

In Nordkanada ist die Natur noch völlig unberührt.

Der Blick schweift in die Ferne. Die Täler sind prall mit rot-gelb-grünen Bäumen gefüllt. Vor der Kulisse des einmalig blauen Himmels zeichnen sich schneebedeckte Berge ab. Über allem kreisen zwei Weißkopf-Seeadler.

Yukon-Humor

Abenteuerliche Wildnis und trittsichere Pferde sind übrigens nicht alles, was es im Yukon zu entdecken gibt. Man trifft Jäger, Alt-Hippies, Extremsportler, Naturliebhaber, Abenteuersuchende und Goldgräber, die wie vor 100 Jahren nach dem großen Glück suchen. Und was wäre dieses Land ohne den ganz speziellen Humor seiner Menschen? Wer erwartet schon von seinen Gästen, dass sie ein Getränk mit einem darin schwimmenden weißen Eiswurm trinken? Oder – schlimmer noch – dass man ihnen ein Getränk mit einem mumifizierten Zeh vorsetzt? „Die Geschichte vom Eiswurm ist übrigens erstunken und erlogen. Der Wurm ist eine Nudel!", sagt Rolf lachend. „Der Zeh ist aber echt."

Nun geht es hinauf auf die Berge.

Und wieder hinunter.

Tausende von Kilometern

Wanderreiten

Was braucht man zum Wanderreiten? Gutes Sitzfleisch, ein trainiertes Pferd und Naturverbundenheit. Und man sollte über einen guten Orientierungssinn verfügen. Der darf allerdings auch mit Kompass und Reitwegekarte unterstützt werden. Wanderritte führen durch herrliche Landschaften, tiefe Wälder und manchmal auch durch Ortschaften. Abends wird zünftig gegessen; am liebsten vor dem lodernden Lagerfeuer.

Ausrüstung

Da der Pferderücken bei einem mehrstündigen Wanderritt ganz schön belastet wird, solltest du zum Wanderreiten einen speziellen Sattel nehmen. Er muss eine große Auflagefläche haben, die das Reitergewicht gut verteilt. Ein Wanderreitsattel darf nicht zu schwer sein. Acht bis zwölf Kilogramm sind der Durchschnitt. Natürlich sollte es auch der Reiter bequem haben. Eine tiefe Sitzfläche trägt zum Wohl des Allerwertesten bei. Breite Steigbügel erhöhen ebenfalls den Sitzkomfort und Erleichtern das Auf- und Absitzen.
Es ist ganz wichtig, dass der Wanderreitsattel richtig angepasst wird. Du solltest das von einem Fachmann machen lassen.
Die dazugehörige Sattelunterlage ist circa 80 x 80 Zentimeter groß. Schließlich müssen ja auch noch die Satteltaschen darauf Platz finden. Ohne Unterlage würden die Taschen auf dem Fell des Pferdes scheuern.

Packsättel müssen gut verschnürt werden, damit sie nicht herunterfallen.

Packpferde transportieren das Gepäck.

Einnorden

Wanderreiter norden ihre Karte vor dem Ritt ein. Das klingt kompliziert, ist es aber nicht. So geht's: Breite die Karte auf einer glatten Fläche aus. Nun legst du den Kompass mit der Anlegekante an den linken oder rechten Kartenrand. Jetzt drehst du die Karte mitsamt Kompass, bis die Nordseite der Kompassnadel auf das N des Kompasses zeigt. Jetzt nimmst du ein Lineal und verbindest den Start- und den Zielpunkt. Nun kannst du anhand der Kompasseinteilung eine Gradzahl ablesen (jeder Kompass hat eine 360-Grad-Einteilung), die zum Zielpunkt zeigt. Das ist deine „Marschzahl". Hast du dich verritten, drehst du den Kompass einfach, bis er nach Norden zeigt. Dann suchst du deine vor dem Ritt ermittelte Marschzahl. In diese Richtung musst du reiten.

Gesetze

Wanderreiten ist ein schönes Hobby, aber leider darf man nicht überall reiten. Bevor es losgeht, solltest du dich über die Gesetze der Gegend informieren, in der du reiten möchtest.

Mithilfe von Karte und Kompass verlierst du auch im dichtesten Wald nie die Orientierung.

Leider ist die Gesetzgebung selbst innerhalb der deutschen Bundesländer sehr unterschiedlich. Du bist in Nordrhein-Westfalen unterwegs? Dann braucht dein Pferd ein amtliches Kennzeichen, für das eine Reitabgabe gezahlt werden muss. In einigen Bundesländern darf man auf allen Waldwegen reiten, in anderen nur auf Wegen, die als Reitwege gekennzeichnet sind.

Orientierung

Für einen Wanderritt brauchst du Karte und Kompass. Die Karte sollte einen Maßstab von 1 : 25.000 oder 1 : 50.000 haben. Damit findest du dich schnell zurecht. Besonders dann, wenn es sich um eine mehrfarbige Karte handelt. Auf ihr sind besonders schöne Landschaften, Sehenswürdigkeiten, Gasthöfe und oft auch Reiterhöfe eingetragen. Mithilfe des Kompasses kannst du immer die Reitrichtung bestimmen. Das ist wichtig, um sich zum Beispiel in dichten Wäldern zurechtzufinden.

Wanderreiter

Nicht nur an Wanderreitpferde, sondern auch an Wanderreiter werden spezielle Anforderungen gestellt. Die Anstrengungen eines Wanderritts sind recht groß. Deshalb sollte zuvor nicht nur der Vierbeiner trainieren. Mit einem Ausdauer- und Fitnesstraining kannst du deine Kondition innerhalb weniger Wochen deutlich verbessern. Du solltest fit sein, bevor es losgeht, denn achtstündige Ritte und unruhige Nächte können ganz schön viel Kraft kosten. Wenn du regelmäßig Rad fährst oder Schwimmen gehst, verbesserst du deine Kondition erheblich.

Wanderreitpferd

Es gibt keine spezielle Wanderreit-Pferderasse. Du musst dein Pferd durch gezieltes Training dazu machen. Bei einem Wanderritt bist du den ganzen Tag unterwegs. Das ist viel für ein Pferd, das ansonsten täglich nur eine Stunde lang geritten wird. Deshalb ist Ausdauertraining angesagt, bevor ein Pferd auf den Wanderritt darf. Außerdem sollte dein Pferd an Geländehindernisse wie Bachläufe gewöhnt sein. Es muss sicher bergauf und bergab gehen und darf auch vor kleineren Sprüngen nicht zurückschrecken. Du solltest dein Pferd problemlos führen können – auch über stark befahrene Straßen. Außerdem muss es ruhig und geduldig stehen bleiben, wenn du es unter dem Sattel anhältst oder anbindest.

Das brauchst du für den Wanderritt

- einen gut sitzenden Wanderreitsattel
- eine circa 80 x 80 Zentimeter große Sattelunterlage
- einen Sattelgurt mit Drei-Punkte-Gurtung
- Satteltaschen
- Hufauskratzer
- Erste-Hilfe-Set für den Notfall
- Kompass
- Karte im Maßstab 1 : 25.000 oder 1 : 50.000
- Reithelm
- Reithandschuhe
- Reithose
- eine atmungsaktive Jacke
- gut sitzende Unterwäsche
- Stiefel mit denen du auch gut laufen kannst
- einen Regenschutz

Wanderritte führen durch herrliche Landschaften.

Überhaupt nicht klassisch?

Alternative Ausbildungsmethoden

Die klassische Reitweise hat sich in vielen Bereichen durchgesetzt. Es gibt aber auch Pferdetrainer und Ausbilder, die ungewöhnliche Wege gehen, um ihre Ziele zu erreichen. Früher wurden sie von den Anhängern der klassischen Ausbildung oft spöttisch belächelt. Inzwischen genießen einige Methoden jedoch weltweite Anerkennung. Das eine schließt das andere übrigens nicht aus. Alternative Lehransätze lassen sich durchaus mit klassischen kombinieren.

Chiron-Methode

Federico Caprilli führte vor über 100 Jahren einen neuen Springstil ein, bei dem der Reiter einen Entlastungssitz einnimmt. Dieser natürliche Reitstil faszinierte Rolf Becher, der darauf ein Ausbildungssystem aufbaute, das heute Chiron-Methode genannt wird. Höchstes Ziel dieser Methode ist es, Pferde zu partnerschaftlicher Mitarbeit zu bewegen. Bedingungslose Unterordnung, wie sie oft von Pferden verlangt wird, ist nicht erwünscht. Reiter, die mit der Chiron-Methode arbeiten, sitzen während der gesamten Ausbildung des Pferdes im leichten Sitz. Sie entlasten den Rücken des Pferdes, weil der leichte Sitz das Gewicht des Reiters optimal abfedert. Nach dieser Ausbildung ist es durchaus auch möglich, im normalen Dressursitz zu reiten. Die Pferde sind hoch motiviert, rittig und so gut trainiert, dass sie auf die leichtesten Hilfen reagieren.

Clicker Training

Ein Clicker ist ein kleines Gerät, mit dem du ein klickendes Geräusch machen kannst. Beim Clicker Training werden Pferde mithilfe dieses Geräuschs und Leckerchen erzogen. Der Klick ertönt immer dann, wenn das Pferd etwas richtig gemacht hat. Das funktioniert auch aus größerer Entfernung. Immer wenn der Klick zu hören ist, bekommt das Pferd auch gleich ein Leckerchen. Deshalb verbindet es das Clicker Training ganz schnell mit einer schönen Erfahrung. Dieses System lässt sich in vielen Bereichen der Pferdeausbildung einsetzen: beim Halfter-Training, der Führarbeit und vielem mehr. Natürlich kannst du deinem Pferd mit dem Clicker auch Kunststücke beibringen.

Connected Riding

Peggy Cummings entwickelte die Methode „Connected Riding".

Hier zeigt Peggy wie man besser im Sattel sitzt.

Die Connected Riding-Methode wurde von der Amerikanerin Peggy Cummings entwickelt. Ihr Name steht für einfühlsame Ausbildungsmethoden von Pferd und Reiter, bei denen innere Bilder eine wichtige Rolle spielen. Peggy Cummings lernte unter anderem bei Linda Tellington-Jones. Inzwischen sorgen die praktischen Übungen, die rigide technische Reitanweisungen ersetzen können, auch in Europa für Aufsehen. Connected Riding heißt ins Deutsche übersetzt so viel wie „Verknüpftes Reiten". Pferd und Reiter sollen zu einer Einheit werden. Um das zu erreichen, soll sich der Reiter beispielsweise vorstellen, der Zwölf-Uhr-Zeiger auf einer Uhr zu sein. Dann sitzt er immer gerade. Oder er soll so tun, als trage er zwei randvolle Wassergläser in den Händen. Dadurch bleibt die Zügelhand immer schön aufrecht.

The Gentle Touch®

Die The Gentle Touch®-Methode wurde von Peter Kreinberg entwickelt. Hierbei geht es um die einfühlsame Ausbildung von Pferd und Reiter. Harmonie spielt eine wichtige Rolle. Sie ist für Peter Kreinberg der Schlüssel zur Verständigung mit dem Pferd. Der Ausbilder wird angehalten, immer sanft, höflich und freundlich mit dem Pferd umzugehen. Die Gewöhnung des Pferdes an

Dr. Alfonso Aguilar trainiert Pferde mit „Natural Concepts".

unbekannte Reize und Bodenarbeit gehören genauso zum The Gentle Touch®-Konzept wie das Training unter dem Sattel. Das Interessante: Peter Kreinberg überträgt die Prinzipien der klassischen Reiterei auf ein leicht verständliches und wirkungsvolles Ausbildungssystem. The Gentle Touch® ist ein von Harmonie geprägtes Trainingskonzept für anspruchsvolle Freizeitreiter.

Native American Horsemanship

Native American Horsemanship bedeutet „Indianisches Pferdetraining". Es orientiert sich an Ausbildungsmethoden, die Indianer seit langer Zeit anwenden, wenn sie Pferde ausbilden. In Deutschland wurde dieser Trainingsansatz von GaWaNi-Pony Boy bekannt gemacht. Es geht darum, die Körpersprache des Pferdes genau zu beobachten und zu verstehen. Der Ausbilder verhält sich in vielen Punkten selbst wie ein Pferd. Er macht sich dessen Körpersprache zu eigen – soweit das möglich ist. Das Training ist in einzelne Schritte unterteilt: Angefangen von der Kontrolle des frei laufenden Pferdes über das Fahren vom Boden bis hin zum ersten Aufsitzen.

Natural Concepts

„Man muss lernen, das Pferd zu lesen, bevor man etwas von ihm verlangt", so die Überzeugung des Natural Concepts-Erfinders Dr. Alfonso Aguilar. Diesen Ansatz setzt der Mexikaner gerne auf einem richtigen Abenteuerspielplatz für Pferde um: Riesige Stroh-Rundballen, im Wind flatternde Plastikbänder, Wassergräben, Planen, kunterbunte Stangen und Pferdehänger stehen bereit. Dass es hier gleich Action pur gibt, steht außer Frage. Da es bei Natural Concepts aber darum geht, pferdegerecht vorzugehen, verläuft alles erstaunlich harmonisch. Mit Natural Concepts zu arbeiten bedeutet zu wissen, wie Pferde lernen wollen.

TTeam

TTeam steht für ein einzigartiges Bodenarbeits-Konzept, das von der Kanadierin Linda Tellington-Jones entwickelt wurde. Eine Verbesserung der Balance und Leistungsfähigkeit, Stressreduzierung und eine gezielte Förderung des Selbstvertrauens sind die wichtigsten Ziele der TTeam-Bodenarbeit, bei der das Pferd lernt, selbst schwierigste Bodenhindernisse mit Leichtigkeit zu bewältigen. Außerdem wird die Partnerschaft zwischen Pferd und Reiter vertieft und Abwechslung in den Reiteralltag gebracht.

Der Vorteil der TTeam-Bodenarbeit ist, dass das Trainingsprogramm nicht an ein strenges Schema gebunden ist. Verschiedene Führpositionen bieten Lösungsansätze für jedes Pferd und gehen dabei auf individuelle Probleme ein. Es gibt folglich viele verschiedene Wege, die jedoch allesamt zum erwünschten Ziel führen.

Letztendlich profitiert nicht nur das Pferd von der TTeam-Bodenarbeit. Die menschliche Körpersprache verfeinert sich und trägt dazu bei, dass sich Körperhaltung und motorische Koordination verbessern. Dies ist eine ausgezeichnete Grundlage für korrektes Reiten. Häufig geraten während der Arbeit Ängste und Unsicherheiten in Vergessenheit.

Der Reiter erlebt einen völlig neuen Umgang mit dem Pferd und spürt vielleicht zum ersten Mal, dass er den Vierbeiner leicht und sicher führen kann. Diese Entwicklung vertieft das Vertrauensverhältnis zwischen Mensch und Pferd.

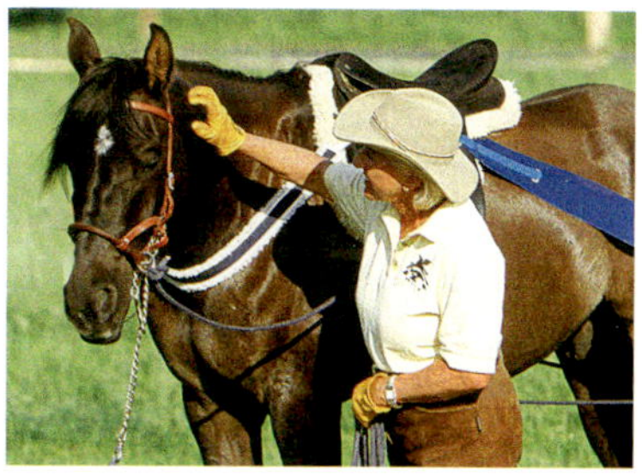

Linda Tellington-Jones bei der TTeam-Arbeit

TTeam festigt durch spezielle Übungen das Nervenkostüm des Pferdes.

Übersinnlich?

Pferdeflüsterer

Pferdeflüsterer sind Menschen, die Pferde ohne Gewalt ausbilden. Sie teilen sich durch ihre Körpersprache mit und wissen genau, was die Körpersprache des Pferdes zu bedeuten hat. Einige von ihnen sind weltberühmt, andere kennt kaum einer. Doch haben alle Pferdeflüsterer etwas gemeinsam: eine unsichtbare Verbindung zum Pferd. Und das ist keine Zauberei, sondern erlernbar.

Monty Roberts – der mit den Pferden spricht

Er prägte den Begriff „Pferdeflüsterer" wie kein Zweiter. Ein junges, unausgebildetes Pferd binnen 30 Minuten an Sattel, Trense und Reiter zu gewöhnen ist das Ziel des „Join Ups", einer Ausbildungsmethode, die von dem Amerikaner Monty Roberts entwickelt wurde. Vielen ist Monty Roberts unter dem Begriff „Pferdeflüsterer" bekannt. Er selbst bezeichnet sich lieber als „der Mann, der den Pferden zuhört".
Gewaltsame Ausbildungsmethoden lehnt Monty Roberts ab. Er betrachtet das brutale Einreiten junger Pferde, das in den USA nach wie vor gängige Praxis ist, als unnötig. „Ich breche Pferde nicht in 30 Minuten, ich ‚starte' sie", so Monty Roberts. Das Pferd und der Ausbilder müssten ein Team sein – keine Gegner.
Der erfahrene Pferdemann macht sich mit der Körpersprache verständlich. Dabei wird das Pferd nicht unter Druck gesetzt, sondern soll freiwillig mitarbeiten.

Monty Roberts

Linda Tellington-Jones

Linda Tellington-Jones – Vertrauen durch TT.E.A.M. und TTouch

Sie prägte die Reiterszene schon lange, bevor alle von Pferdeflüsterern sprachen. Einfühlungsvermögen? Artgerechte Haltung? Ungewöhnliche Trainingsmethoden? Alles ein alter Hut. Linda Tellington-Jones und ihre Trainingsmethoden sind den meisten Reitern seit den 70er-Jahren bekannt. Die Kanadierin sorgt mit TT.E.A.M. (gezielte Bodenarbeit) und TTouch (streichende und kreisende Bewegungen am Körper des Pferdes) für frischen Wind in muffigen Stallgassen und ist dabei heute noch genauso hochaktuell wie vor 30 Jahren. Diese Frau ist geballte positive Energie. Linda Tellington-Jones scheint rundum zufrieden mit ihrem Leben, das sie neun Monate im Jahr zu Pferden rund um den ganzen Erdball führt. Südafrika, die USA, Kanada, Südamerika, Deutschland, Österreich und die Schweiz sind nur einige Stationen. Die verbleibenden drei Monate genießt die gebürtige Kanadierin auf der Sonneninsel Hawaii, gemeinsam mit ihrem Ehemann Roland und Westhighland White Terrier „Reany".

GaWaNi Pony Boy – indianisches Pferdetraining

GaWaNi Pony Boy

Er ist nicht nur atemberaubend exotisch ... – GaWaNi Pony Boy, der gerne einfach „Pony" genannt wird, hat auch ein Händchen für Pferde. „Native American Horsemanship" nennt er seine Methode, die auf alten indianischen Traditionen beruht und heute noch so gut funktioniert wie vor vielen hundert Jahren. „Pony" ist kein Zauberer, der Pferde durch Handauflegen verhext oder mithilfe anderer geheimer Techniken zu ungeahnten Reaktionen bewegt. Als „Pferdeflüsterer" möchte er eigentlich überhaupt nicht bezeichnet werden. Seine Arbeitsweise basiert auf einer soliden Kenntnis des Pferdeverhaltens und der Gabe, sich selbst die Körpersprache des Pferdes zu eigen zu machen und auf diese Weise unmissverständlich mit dem Pferd zu „sprechen".
„Hunkapi" ist indianisch und bedeutet „Allem, was lebt, bin ich verwandt". Diese alte Weisheit beschreibt die Beziehung der Indianervölker zu ihrer Umwelt und natürlich auch zu Tieren. „Pony" lebt nach dieser Grundeinstellung. Er betrachtet das Pferd als Partner, der den Menschen zwar bedingungslos respektieren muss, aber auch selbst Respekt verdient.

Dr. Alfonso Aguilar – er weiß, wie Pferde lernen wollen

Ein heller Cowboyhut, ein schwarzer Schnauzbart und Augen, die immer zu lächeln scheinen. Das ist Dr. Alfonso Aguilar, der mexikanische Tierarzt, der bei seiner Arbeit mit Pferden größten Wert auf Einfühlungsvermögen legt. „Man muss lernen, das Pferd zu lesen, bevor man etwas von ihm verlangt", so seine Überzeugung.

Er ahnt, warum viele Pferde keine Freude am Reiten haben. „Viele Menschen, die mit Pferden umgehen, beschäftigen sich nicht mit deren Verhalten. Man sollte die Signale eines Tieres jedoch deuten können, um gezielt darauf einzugehen", so der Mexikaner, der mit seiner aus der Schweiz stammenden Frau Karin zwei gemeinsame Kinder hat.
Seiner Erfahrung nach mangele es einfach oft an grundlegender Bodenarbeit. „Eine Wasserfläche zu durchqueren, Engpässe zu überwinden oder in einen Hänger zu gehen scheint vielen ein unüberwindbares Hindernis zu sein. Dabei kann man so etwas ganz hervorragend mithilfe von Bodenarbeit trainieren. Was meistens einfach fehlt, ist die Basis, und deshalb funktioniert auch der Rest nicht", so Aguilar. Welcher Reitweise man sich verschrieben habe sei dabei unwichtig. Die Natural Concepts (= die natürlichen Grundlagen) seien immer dieselben.

Peter Kreinberg – Pferde mit guten Manieren

Peter Kreinberg ist seit vielen Jahren für seine feine und einfühlsame Reitweise bekannt. Nicht minder einfühlsam, wenn auch konsequent, verläuft die Ausbildung seiner Pferde. Der erfolgreiche Westernreiter und Freizeitpferdeausbilder, der neben seiner Leidenschaft für Quarter Horses auch ein Faible für arabische Pferde und Hannoveraner hat, arbeitet gerne mit einem langen Leitseil und einem Strickhalfter. Hierbei verfolgt er zwei Ziele: Dem Pferd beizubringen, alltägliche Situationen gelassen und kontrolliert zu bewältigen, und eine Verständigungsgrundlage zwischen Pferd und Mensch zu schaffen. Das Pferd soll lernen, den Willen des Menschen zu verstehen, denn diese Fähigkeit ist nicht angeboren. Mithilfe von Druck und Nachgiebigkeit lernt das Pferd mitzudenken. „Ich arbeite ausschließlich mit leichten Impulsen und nie mit Kraft", so Peter Kreinberg, der auch die The Gentle Touch®-Methode entwickelt hat.

Dr. Alfonso Aguilar

Peter Kreinberg

Unglaublich knifflig

Pferdezucht ist was für Profis

Wer gute Pferde züchten will, braucht einen Plan. Und jede Menge Wissen und Erfahrung. Ansonsten kann man nicht von Zucht, sondern nur von blindem Vermehren sprechen. Die Leidtragenden sind hierbei immer die Pferde, die später niemand haben will. Die Zuchtverbände sind dazu da, das Zuchtgeschehen zu kontrollieren. Dennoch gibt es sehr viele Pferde, die dem Zuchtziel ihrer Rasse ganz und gar nicht entsprechen. Schlimmer noch: In manchen Zuchtverbänden werden sogar durch enge Inzucht oder unüberlegte Verpaarungen verursachte Mängel toleriert. Dabei sollten Schönheit und Leistung bei Pferden stets Hand in Hand gehen.

Abfohlen

Wenn eine Stute ein Fohlen zur Welt bringt, sprechen Züchter vom Abfohlen. Dass es bald so weit ist, kann man schon vier bis sechs Wochen vor der Geburt erkennen, wenn das Euter der Stute anschwillt. Einige Tage vor dem Abfohltermin sind Harztropfen am Euter zu sehen. Kurz vor der Geburt tropft meistens schon etwas Milch aus den Zitzen. Die Stute ist nervös, läuft unruhig herum und schwitzt? Dann ist der Nachwuchs praktisch auf dem Weg. Das Abfohlen erfolgt meistens im Liegen und vorzugsweise nachts, weil es dann schön ruhig ist. Nach zehn bis 30 Minuten ist das Fohlen da.

Solch ein Anblick lässt jeden Gestütsbesitzer strahlen.

Abstammungspapier

Pferde und Ponys, die aus einer anerkannten Zucht stammen, haben einen Abstammungsnachweis – auch Pedigree genannt. Darin finden sich Informationen zu: vorherigen Generationen, Geburtsdatum, Farbe, Geschlecht, Abzeichen, Züchter und Besitzer. Es gibt drei unterschiedliche Zuchtbuchklassen für Stuten und Fohlen: das Hauptstammbuch, das Stammbuch und das Vorbuch. Statt von Stammbuch ist auch oft von Stutbuch die Rede.

Hier stellt ein Tierarzt Gefriersperma her.

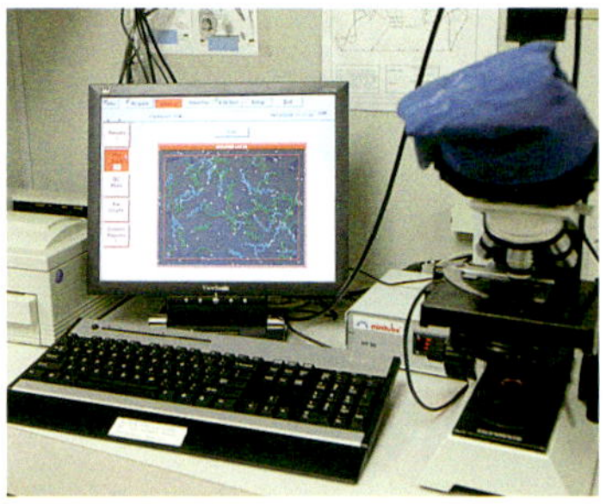

Im Labor wird die Samenqualität der Deckhengste überprüft.

Deckhengst

Deckhengste sind für die Nachzucht verantwortlich. Wenn sie staatlich gekört sind, bezeichnet man sie als Beschäler. Beim Deckakt werden die Hengste meistens am Zügel oder einer Longe gehalten. Dann springen sie von hinten auf die rossige

Hier wird für Nachwuchs gesorgt.

(paarungswillige) Stute auf und befruchten sie. Ein Deckakt zwischen frei laufenden Pferden gilt als am natürlichsten, birgt aber auch das höchste Verletzungsrisiko.
Bevor ein Hengst zum Deckhengst wird, muss er seine Qualität unter Beweis gestellt haben. Das geschieht über eine Körung und eine Hengstleistungsprüfung.

Auf einem Gestüt dreht sich alles um Pferde.

Ein Luxusgestüt in den USA

Gestüt

Auf einem Gestüt werden Pferde gezüchtet. Man unterscheidet staatliche und private Gestüte. In Deutschland gibt es elf staatliche Gestüte: ein Hauptgestüt, drei Haupt- und Landgestüte und sieben Landgestüte. In Hauptgestüten stehen Hengste, Stuten und Fohlen. Landgestüte sind reine Hengstdepots. Aus den Landeszuchten gehen viele gute Sport- und Freizeitpferde hervor.

Körung

Bei einer Körung wird vom zuständigen Zuchtverband die amtliche Deckerlaubnis für Hengste ausgestellt. Vorausgesetzt, der Hengst ist gut genug. Nur angekörte Hengste dürfen zur Zucht eingesetzt werden. Jeder Deckakt ohne behördliche Deckerlaubnis ist strafbar. Die Entscheidung trifft die Körkommission, die sich aus Tierzuchtbeamten, Veterinärbeamten und Züchtern zusammensetzt. Die Körbestimmungen werden durch das Tierzuchtgesetz festgelegt.

Trächtigkeit

Wenn Zuchtstuten ein Fohlen erwarten, sind sie trächtig.
Die Dauer der Trächtigkeit kann etwas variieren, aber meistens muss man elf Monate warten, bevor das Fohlen das Licht der Welt erblickt. Frühreife Pferde wie Kaltblüter haben eine verkürzte Trächtigkeit (circa 320 bis 330 Tage), spätreife Rassen bleiben circa 345 Tage trächtig. Bis zu 360 Tage Trächtigkeit gelten als normal. Kleine Hengste bleiben durchschnittlich zwei Tage länger im Mutterleib als Stutfohlen.

Zuchtpferd

Während der ersten sechs Lebensmonate trinken Fohlen Muttermilch.

Wenn ein Pferd ganz besonders nah an das Idealbild seiner Rasse kommt, wäre es schade, es nicht für die Zucht einzusetzen. Zuchtpferde bilden die Grundlage der Zucht, und ihre Nachkommenschaft soll möglichst immer näher an das perfekte Zuchtziel kommen. Bei Zuchthengsten werden besonders strenge Kriterien angesetzt. Schließlich setzen sie oft weit über 100 Nachkommen in die Welt. Zuchtstuten bringen hingegen durchschnittlich maximal 15 Fohlen zur Welt.

Zuchtverband

Für die Pferdezucht gibt es spezielle Vorschriften. Sie orientieren sich am Tierzuchtgesetz und werden von den einzelnen Zuchtverbänden vorgeschrieben. Viele Pferderassen haben einen eigenen Zuchtverband. So werden Hannoveraner vom Zuchtverband Hannoverscher Warmblutzüchter betreut und Pintos vom Deutschen Pinto Zuchtverband. Manche Verbände sind sogar für verschiedene Rassen zuständig, zum Beispiel der Zuchtverband für Deutsche Pferde.

Der Nachwuchs wird auf der Zuchtschau präsentiert.

Sie sind die unbezahlbaren Schätze jedes Gestüts: Mutterstute und Fohlen.

Bunt sollen sie sein und über 90 Prozent Vollblutaraber-Anteil haben. So lautet das Zuchtziel der Lemgoer Familie Stucki, die sich züchterisch Arabischen Halbblütern im farbigen Gewand verschrieben hat. Ihre Erfolge können sich wahrlich sehen lassen: Deckhengst Nowie ist ein waschechter Champion. Die Nachzucht wird ebenfalls mit Ehren überhäuft.

Unheimlich bunt

Die Pintos der Familie Stucki

Mutter und Tochter teilen sich eine Leidenschaft: bunte Pferde.

Der Weg zu dem in Lemgo gelegenen Gestüt Coloured Arabians der Familie Stucki führt durch eine schöne Landschaft. Duftende Blumenwiesen säumen den Weg. Sie bilden den passenden Rahmen für das malerische Fachwerkhaus aus dem 19. Jahrhundert, in dem die vierköpfige Familie zu Hause ist. Zuvor lebte man in der Lüneburger Heide. Wir befinden uns auf einer Anhöhe, die einen atemberaubenden Blick auf die angrenzenden Täler und Wälder gestattet. Sie haben sich wirklich ein herrliches Plätzchen zum Züchten ausgesucht, die pinto- und araberbegeisterten Stuckis.

Lebensfreude pur

Da kommt auch schon Claudia Stucki, gebürtige Berlinerin und das Herzstück des kleinen Zuchtbetriebs, ans Tor. Gefolgt von ihrer elfjährigen Tochter Mara, die ebenso lange, hellblonde Haare hat wie ihre Mutter. „Herzlich willkommen", ruft sie uns entgegen und strahlt dabei reinste Lebensfreude aus. Sie führt uns über die Hofanlage, vorbei an einem „Welpen-Spielplatz", auf dem vier oder fünf Australian-Shepherd-Welpen spielerisch mit ihrer Mutter balgen. „Ja, Aussies züchten wir auch seit drei Jahren. Für uns sind sie die Araber unter den Pferden", sagt Claudia Stucki lachend und verschwindet im Pferdestall, wo bereits Torsten Stucki mit dem vierzehnjährigen Sohn Marc wartet.

Der Stall ist großzügig, hell und luftig, ohne dabei zugig zu sein. Die Boxen führen – nur durch Plastikvorhänge abgetrennt – in Außenpaddocks, sodass die Pferde jederzeit selbst entscheiden können, ob sie lieber innen Heu knabbern oder draußen nach dem Rechten sehen. Momentan sind die meisten Pintos in den Boxen, wo es kühler ist als in der sommerlichen Nachmittagssonne. Einige haben sich lang ins Stroh gestreckt und dösen vertrauensvoll vor sich hin. Andere spielen mit Holzstöcken, die an langen Seilen hier und da von der Decke hängen. „Die Stöcke beschäftigen die Pferde und verhindern, dass sie an den hölzernen Trennwänden der Boxen knabbern", erklärt Torsten Stucki.

Deckhengst Nowie ist der vierbeinige Chef des Gestüts.

Auf dem Gestüt Coloured Arabians in Lemgo gibt es viele Schecken.

Die Pinto-Herde

Zehn Pferde – neun Stuten und ein Deckhengst – leben hier, und zwar nicht schlecht. Abgesehen von einer braunen und einer fuchsfarbenen Vollblutaraberstute gibt es ausschließlich Schecken. „Alle Zuchtstuten werden regelmäßig geritten, unter anderem von Mara", erzählt Claudia Stucki, die größten Wert auf eine artgerechte Pferdehaltung legt. Auch der Hengst darf diesbezüglich nicht zu kurz kommen. Einzelhaft und Ausgangssperre kommen nicht infrage. Der 1,50 Meter Stockmaß große Braunschecke ist übrigens nicht nur in der Zucht erfolgreich. Man kann auf ihm auch im Westernstil reiten. Und zwar im kanadischen.
Wie man gerade auf kanadisches Westernreiten gekommen sei? „Das liegt an der bekannten Westerntrainerin Brigitte Tönsfeuerborn, die unsere Pferde ausbildet und auch Mara regelmäßig unterrichtet", erklärt die Pintozüchterin. Sie habe in Kanada eine hervorragende Ausbildung durchlaufen und anschließend ein Buch darüber geschrieben. Jetzt lebt Brigitte Tönsfeuerborn wieder in Deutschland und widmet sich der Verbreitung des kanadischen Westernreitens. Gelegentlich startet sie auch auf Turnieren – mit dementsprechendem Erfolg. Kein Tag vergeht, an dem die sympathische junge Frau nicht aufs Pferd steigt.

Pferde und Menschen fühlen sich auf dem Gestüt rundum wohl.

Kinderfreundlich

Hengst Nowie ist ein Gentleman. Auch oder vielleicht gerade, wenn er von der elfjährigen Mara geritten wird. Die trainiert aber für ihr Leben gern auf ihrer eigenen Araber-Pintostute „Barbie", auf der sie einmal pro Woche Unterricht bekommt. Dann geht es noch einmal pro Woche auf den Reitplatz, wo Mutter Claudia ein kritisches Auge auf Maras Reitkünste wirft, und einmal auch ins Gelände. „Mara hat ja auch noch andere Hobbys, wie zum Beispiel Tanzen. Ich möchte nicht, dass Reiten für sie zum Druck wird", erzählt Claudia Stucki. Und was ist mit Sohn Marc? Peinlich berührte Stille. Der interessiert sich nicht wirklich für Pferde, sondern geht lieber Angeln.

Mama Claudia gibt Mara Reitunterricht.

Papa Torsten hilft seiner Tochter beim Reinholen der Pferde.

Vertrauen und Entspannung

Fitness für Pferde

Das Wohlbefinden des Pferdes liegt Reitern am Herzen. Deshalb scheuen viele keine Kosten und Mühen, um ihrem Freizeitpartner Wohlbefinden zu bereiten. Längst haben bestimmte Techniken und Heilmethoden in Reitställen Einzug gehalten, die gut für Körper und Seele des Pferdes sein sollen.

Akupressur

Woher die Akupressur genau stammt, lässt sich nur schwer nachvollziehen. Sie ist in vielen Ländern seit langer Zeit bekannt. Inzwischen kommt sie nicht nur bei Menschen, sondern auch bei Pferden zum Einsatz. Um eine Akupressur auszuführen, benötigt man eigentlich nur zwei Finger, da stets zwei Akupressurpunkte gleichzeitig stimuliert werden sollen. Man formt eine Hautfalte und drückt sie mithilfe des Daumens und des Mittelfingers. Dabei soll zwar ein deutlicher Druck zu verspüren sein, Schmerz darf jedoch nicht entstehen. Es ist anzuraten, die Behandlung versuchshalber am eigenen Körper auszuprobieren, damit man ein Gespür für die Druckstärke bekommt.
Durch die Stimulation bestimmter Hautpunkte sollen Kraftlinien gereizt werden. Angeblich löst das Energieblockaden im Gewebe und den Organen. Offensichtlich erhöht der ausgeübte Druck die Leitfähigkeit der Zellen im gestörten Zentrum und baut ein elektromagnetisches Feld auf, das die inneren Organe des Pferdes beeinflusst und sein Wohlbefinden steigert.

Sanftes Handauflegen beruhigt Pferde in ungewohnten Situationen.

Akupunktur

In China ist Akupunktur schon seit vielen tausend Jahren bekannt. In Europa verhilft sie Menschen seit über 400 Jahren zu Gesundheit und Wohlbefinden. Seit einiger Zeit wird Akupunktur auch bei der Behandlung von Pferden eingesetzt. Hierbei werden lange, dünne Nadeln an bestimmten Körperstellen eingestochen. Das klingt unangenehm, verursacht aber keine nennenswerten Schmerzen, sondern höchstens ein Kratzen. Anfangs sind manche Pferde unruhig, beruhigen sich dann aber ganz schnell. Akupunktur soll unter anderem bei schmerzhaften Verspannungen helfen.

Massage

Die Massage gehört zu den ältesten traditionellen Heilmethoden. Bereits im alten Rom wusste man die Tiefenwirkung einer guten Massage zu schätzen, und bis heute erfährt diese Behandlungsmethode regen Zuspruch. Neu ist, dass Massagen auch innerhalb der Tiermedizin einen Stellenwert erlangt haben. Pferde mit Verspannungen und Bewegungsproblemen werden immer häufiger mit gezielten Massagen behandelt. Massagen beleben und steigern das Wohlbefinden. Die Auswirkungen einer fachmännisch angewendeten Massage sind schmerzstillend, entspannend und wärmend. Der Kreislauf und die Atmung werden aktiviert; das Verdauungs- und Nervensystem erfahren eine wohldosierte Stimulation.

Osteopathie

Es war der tragische Tod seiner Frau und seiner vier Kinder, der den amerikanischen Arzt Andrew Taylor Still vor über 120 Jahren dazu bewegte, die Osteopathie zu begründen. Tief enttäuscht von der Schulmedizin suchte der Mediziner nach einem ganzheitlichen Verständnis von Gesundheit und Krankheit. Er betrachtete den Körper als Einheit, betonte die Wichtigkeit der Mobilität aller körpereigenen Gewebe und die Fähigkeit zur Selbstregulierung. Seit damals hat sich die Osteopathie in rasantem Tempo weiterentwickelt und in den

USA, England, Holland, Belgien, Österreich, Frankreich und der Schweiz längst Einzug in die Human- und Veterinärmedizin gehalten. Die Osteopathie basiert auf der Annahme, dass geringe Veränderungen der Struktur der Wirbelsäule Schäden an Nerven und Gefäßen verursachen. Diese wiederum beeinträchtigen die Versorgung der inneren Organe und führen so zu vielfältigen Erkrankungen. Die so entstandenen Symptome können auch noch weit entfernt vom Ort der Ursache auftreten. Osteopathen massieren ihre Patienten und wenden spezielle Techniken an, die die Beweglichkeit erhöhen.

Reiki

Reiki zählt zu den geistigen Therapieformen. Es basiert auf der Annahme, man könne schmerzende oder erkrankte Körperstellen durch Handauflegen beeinflussen. Alte Kulturen kombinierten Reiki mit Tanzritualen und Gesängen. Die Naturheilkunde reduziert es auf das bloße Händeauflegen. Reiki-Anhänger gehen davon aus, dass Menschen dazu in der Lage sind, göttliche Energien durch ihren Körper fließen zu lassen. Durch das Auflegen ihrer Hände auf einen anderen Körper können sie diese Energien angeblich weiterleiten. Die einzigen Voraussetzungen für diese Fähigkeit sollen eine ausgeprägte Nächstenliebe und der Glaube an die eigene Begabung sein.

TTouch

Der TTouch wurde von Linda Tellington-Jones erfunden. Er bezeichnet streichende und kreisende Berührungen, die ganz gezielt die Zellfunktion des Pferdes anregen sollen. Die damit verbundene Stimulierung der Durchblutung und des Stoffwechsels fördert das Wohlbefinden. Der TTouch vermag langfristig die Gesundheit und Leistungsfähigkeit des Pferdes zu verbessern. Regelmäßig angewendet, vertiefen die TTouches die Beziehung zwischen Reiter und Pferd. Selbst Verhaltensstörungen, Verletzungen und andere gesundheitliche Probleme können durch TTouches positiv beeinflusst werden. Muskeln, Nervensystem und Persönlichkeit des Pferdes profitieren gleichermaßen.

Mit dem „Schweifheben" kannst du bei deinem Pferd Rückenprobleme verbessern.

Durch TTouches erreicht Linda ein Senken des Kopfes.

Die Vollblutaraberstute entspannt sich total.

Auch Bauchheben ist gut für die Pferde-Fitness.

Sanfte TTouches können Muskelverspannungen und Ängste lösen.

Verwegen!

Action mit Pferden

Pferde sind pfeilschnell und unheimlich lernfähig. Was liegt da näher, als gemeinsam mit ihnen rasanten Sport zu betreiben oder spektakuläre Darbietungen einzustudieren? Zirkuslektionen, atemberaubende Stunts, beeindruckende Showreiterei, pfiffige Reiterspiele oder der Polosport sind nur einige Beispiele für die unglaubliche Vielseitigkeit der Pferde, wenn es um Action geht.

Reiterspiele

Um Geschwindigkeit und Geschick geht es bei den Reiterspielen – auch Mounted Games genannt. Dabei treten immer mehrere Teams gegeneinander an. Es geht darum, eine bestimmte Aufgabe möglichst schnell zu bewältigen. Mounted Games sind Action pur. Ein Hochgeschwindigkeitssport, der den Atem stocken lässt und Gänsehaut macht.
Das wussten auch schon die britischen Soldaten, die Mounted Games vor über 100 Jahren erfanden. Sie vertrieben sich die Zeit mit wilden Reiterspielen, als England noch über Indien herrschte und dort Truppen stationierte. Doch die Reiterspiele dienten nicht nur dem Zeitvertreib. Sie sorgten auch dafür, dass Soldaten und Reiter nicht „einrosteten".
Von Indien aus griff das Mounted Games-Fieber auf England über und von dort aus schließlich auf ganz Europa. Heute sind Reiterspiele weltweit beliebt, und die Begeisterung für diesen Sport wächst.
Der „Verband für Reiterspiele Mounted Games Deutschland" kennt 24 unterschiedliche Spiele, die allesamt in britischer Tradition stehen. Da wird im Galopp vom Pony gesprungen, über Eimer geklettert, ein Luftballon zerstochen und ein Slalom-Parcours gemeistert. Manchmal startet nur ein Reiter pro Durchgang, manchmal geht es paarweise in die Arena. Und immer gilt es, schneller und besser zu sein als die gegnerische Mannschaft.

Voltigieren

Viele erfolgreiche Reiter waren früher begeisterte Voltigierer. Mit dem Voltigiersport kann man schon im Alter von circa sechs Jahren anfangen, ohne gleich teurere Reitstunden nehmen zu müssen. Aber nicht nur das: Voltigieren macht vor allem Spaß und schult deinen Gleichgewichtssinn und viele wichtige Bewegungsabläufe.
Zum Voltigieren braucht man ein gut ausgebildetes Pferd mit gleichmäßigen Gängen. Das Voltigierpferd wird von einem Ausbilder longiert, der seinen Voltigierern einen möglichst abwechslungsreichen Unterricht bescheren sollte. Es gibt viele verschiedene Voltigierübungen, die auch im Wettkampfsport gezeigt werden.

Voltigieren schult das Körperbewusstsein und den Gleichgewichtssinn.

Showreiten

Einer der berühmtesten Showreiter war vermutlich Buffalo Bill, der vor über 100 Jahren mit seiner legendären Wild West Show um die Welt reiste. Und der Bann ist ungebrochen. Auch heute verstehen es Showreiter, tausende von Menschen zu begeistern. Sie treten bei speziellen Pferdeshows auf, die mit einem mehrstündigen Abendprogramm locken. Oder bei Pferdemessen, die ihren Besuchern ein Tagesprogramm bieten. Beim Showreiten kommen oft wunderschöne Kostüme zum Einsatz. Und ein richtiges Showpferd muss natürlich auch etwas hermachen. Die Facetten der Showreiterei sind vielseitig: Sie soll Menschen zum Träumen anregen und faszinieren. Oft stehen Showabende unter einem bestimmten Thema.

Stuntreiten

Stuntreiten hat zwar auch etwas mit Showreiten zu tun, allerdings geht es hierbei härter zur Sache. Da wird im rasenden Galopp vom Pferd gesprungen, loderndes Feuer durchquert oder mitsamt Pferd zu Boden gestürzt. Stuntreiter sind oft bei Pferdeshows zu sehen, werden aber auch bei TV- und Kinoproduktionen eingesetzt. Wer Stuntreiter werden möchte, braucht eine richtige Ausbildung, ansonsten kann das Ganze lebensgefährlich sein – für Pferd und Reiter.

Die Showreiterei ist ein richtiger Beruf – ebenso das Stuntreiten.

Zirkuslektionen

Zirkuslektionen mit Pferden sind längst nicht mehr nur unter den Kuppeln von Zirkuszelten zu sehen. Viele Reiter bringen ihren Pferden Kunststücke bei, die ursprünglich aus dem Zirkus kommen. Besonders beliebt sind das Verbeugen des Pferdes, das Hinknien, Hinsetzen und Hinlegen. Auch Steigen auf Kommando und das Apportieren von Gegenständen sind oft zu sehen. Wenn du mit deinem Pferd Zirkuslektionen machen möchtest, solltest du vorher einen Kurs besuchen. Denn wenn man einfach so loslegt, kann auch eine ganze Menge schiefgehen. Jedes einzelne Kunststück muss schrittweise aufgebaut werden. Und nicht jedes Pferd ist für jede Lektion geeignet.

Viele Ponys haben Spaß an Kunststücken.

Pferde gehen für dich durchs Feuer, wenn sie dir vertrauen.

Auch schwere Kaltblüter können ganz schön aufdrehen.

Viel zu tun

Berufe rund ums Pferd

Du kannst dir nichts Schöneres vorstellen, als möglichst viel Zeit mit Pferden zu verbringen? Dann könnte ein Beruf mit Pferden vielleicht genau das Richtige für dich sein. Allerdings ist das auch harte Arbeit – vor allem körperlich. Es ist ein großer Unterschied, ob man nur seine Freizeit beim Pferd verbringt oder sein Geld in dieser Branche verdienen muss. Dennoch gibt es viele Menschen, die ihren „Pferdeberuf" gegen keinen anderen Job der Welt eintauschen würden.

Pferdewirt

Eine abgeschlossene Schulausbildung ist Voraussetzung für den Beruf des Pferdewirts. Nach einer mindestens dreijährigen Tätigkeit als Pferdewirt kann eine Meisterprüfung abgelegt werden. Voraussetzung ist, dass der Pferdwirt unter Anleitung eines erfahrenen Ausbilders seine Berufspraxis erworben hat. Zu den allgemeinen Aufgaben eines Pferdewirts gehören:

- die tägliche Pflege von Pferden
- die tägliche Versorgung, d. h. Füttern, Tränken und das Misten der Pferdeboxen
- das Bewegen und Arbeiten von sowohl jungen als auch älteren erfahrenen Pferden

Wer einen Beruf mit Pferden erlernen will, sollte erst einmal ein Praktikum machen.

Pferdepfleger sind für das Wohl der Pferde zuständig.

- das Vorstellen von Pferden in Wettbewerben und/oder Leistungsprüfungen
- die medizinische Erstversorgung bei Verletzungen und Unfällen beziehungsweise medizinische Nachversorgung nach Weisung des Tierarztes
- der Einsatz, die Instandhaltung und Pflege von Maschinen, Geräten, Ausrüstung und Zubehör

Als angehender Pferdewirt muss man auch Stallarbeit machen.

Pferdewirt – Schwerpunkt Reiten

Die Berufsreiterei hat eine lange Tradition und ist seit vielen Jahrzehnten staatlich anerkannt. Seit 1975 regelt das Berufsbildungsgesetz diesen Beruf, der früher als „Bereiter FN" und „Berufsreitlehrer FN" bezeichnet wurde.
Die wichtigsten Voraussetzungen für diesen Beruf sind reiterliches Talent und viel Erfahrung im Sattel. Die meisten Ausbildungsbetriebe setzen den Besitz eines Reitabzeichens voraus. Die Bundesvereinigung der Berufsreiter bietet regelmäßig Informationsveranstaltungen an. Außerdem gibt es jährlich einen Eignungstest für Berufsreiter. Die Berufsausbildung dauert drei Jahre. Sie kann in Betrieben mit Schulbetrieb oder in Ausbildungs- und Turnierställen erfolgen.

Es gibt professionelle Pferde-Vorführer, die edle Pferde auf Zuchtschauen zeigen.

Pferdewirt – Schwerpunkt Zucht und Haltung

Das Vorstellen von Pferden auf Zuchtveranstaltungen, die Aufzucht und Pflege junger Pferde und die Vorbereitung auf bevorstehende Aufgaben gehören zum Beruf des Pferdewirts – Schwerpunkt Zucht und Haltung. Wer diesen Beruf ergreifen möchte, sollte viel Erfahrung im Umgang mit Pferden haben – möglichst auch gut reiten können. Die Ausbildung erfolgt entweder in reinen Zuchtbetrieben oder in Zucht- und Ausbildungsbetrieben.

Pferdewissenschaftler

In der österreichischen Hauptstadt Wien kannst du Pferdewissenschaften studieren. Voraussetzung ist das Abitur. Das Studium vermittelt ein umfassendes Grundwissen über Pferde. Im Laufe von mindestens sechs Semestern (drei Jahre) lernst du alles über das Gestütswesen, die Pferdezucht, den Pferdesport, die Pferdegesundheit und Betriebswirtschaft. Das soll die Voraussetzungen für viele Berufe rund ums Pferd schaffen – zum Beispiel: die Leitung von Reitschul- und Pferdehaltungsbetrieben. Auch Führungspositionen in Pferdesportverbänden sind neben vielen weiteren Alternativen denkbar.

Tierarzt

Um Tierarzt zu werden, musst du studieren. Durchschnittlich besuchen angehende Tierärzte elf Semester lang eine Universität (fünf Jahre und sechs Monate). Das Studium setzt sich aus einem theoretischen Teil (vier Jahre) und praktischen Abschnitten zusammen. Das neunte und zehnte Semester sind Praxissemester. Das elfte Semester ist das „Examenssemester". Um zum Studium der Veterinärmedizin zugelassen zu werden, brauchst du die Allgemeine Hochschulreife (Abitur) und musst dich bei der Zentralstelle für die Vergabe von Studienplätzen (ZVS) in Dortmund bewerben.

Tierarzthelfer – Tiermedizinischer Fachangestellter

Man muss nicht gleich Tierarzt werden, um etwas für die Pferdegesundheit zu tun. Auch Tierarzthelfer sind in diesem Bereich gefragt. Allerdings musst du dich gleich an einen neuen Namen gewöhnen. 2006 wurde die Ausbildungsordnung für Tierarzthelfer durch den Beruf des Tiermedizinischen Fachangestellten ersetzt. Die Ausbildung dauert drei Jahre. Sie erfolgt in Tierarztpraxen und an Berufsschulen. Zu den Aufgaben dieses Berufs gehört die Koordination der Praxistermine, die Assistenz bei Behandlungen und die Betreuung von Tieren.

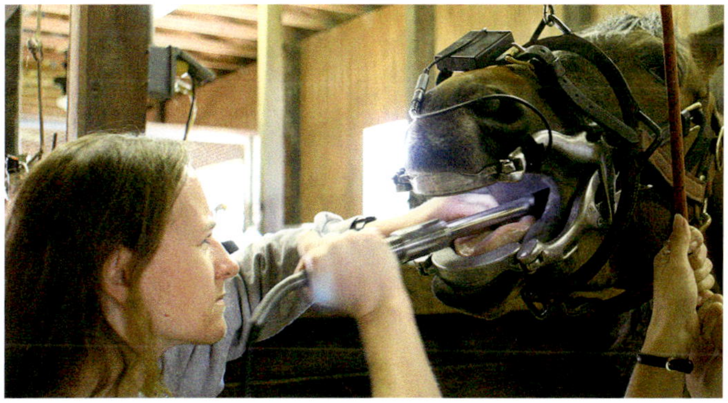

Pferdezahnärzte sollten eine fundierte Ausbildung haben. Oft handelt es sich um Tierärzte mit Zusatzausbildung.

„Von wegen kein Beruf für Frauen!" – Tina Andrießen ist empört. Die junge Frau hat mit Bravour ihre Sattlerlehre abgeschlossen und weiß, wovon sie spricht. Dass sie ihren Job beherrscht, daran kann es keinen Zweifel geben. Fast täglich polstert sie Sättel auf und ab, nimmt an Reitställen Anpassungen von neuen Sätteln vor, ändert Kopfstücke und anderes Lederzeug ab.

Vielseitiger Job

Sattlermeisterin

Tina verspürt jedes Mal Enttäuschung und Wut, wenn ein Kunde auf die Beratung eines männlichen Sattlermeisters besteht. Der Ruf des typisch männlichen Traditionsberufs scheint sich tief in manche Köpfe eingebrannt zu haben. „Meistens kann ich meine Kunden aber recht bald davon überzeugen, dass es auch Frauen gibt, die viel vom Handwerk des Sattlermeisters verstehen", erzählt Tina Andrießen.

Ein holpriger Start

Wie sie auf die Idee gekommen sei, gerade den Beruf des Sattlermeisters zu erlernen? Tina Andrießen zögert keine Sekunde mit ihrer Antwort: „Ich reite selbst und habe seit vielen Jahren mit Pferden zu tun. Für mich war von Anfang an klar, dass ich gerne einen Beruf ausüben würde, der mit Tieren zu tun hat. Gleichzeitig betätige ich mich gerne handwerklich. Die Ausbildung zur Sattlermeisterin passte deshalb genau ins Konzept."
Somit war die Idee gefasst, und die Probleme begannen. Der Weg ins Berufsinformationszentrum (BIZ) erwies sich als erfolglos. Über einen solch unpopulären Beruf wusste man dort nichts zu sagen. Sie kehrte enttäuscht an den heimischen Schreibtisch zurück und begann, Bewerbungen an renommierte Sattelfirmen zu schreiben. Von dort kam nicht einmal eine Antwort mit einer Absage.

Auch ein alter Sattel lässt sich wieder auf Vordermann bringen.

Harte Lehrzeit

Tina Andrießen ließ nicht locker. Schließlich ergab sich ein Kontakt zum Werdener Sattlermeister Timmer, der die junge Frau nach einer zweiwöchigen Probezeit in die Lehre nahm. Was folgte, war nicht nur überaus lehrreich, sondern auch höchst anstrengend. „Eine Sechs-Tage-Woche und nur 18 Tage Urlaub pro Jahr waren für mich anfangs ein harter Brocken, aber das gehörte eben zur Ausbildung", erinnert sich die Pferdenärrin.
Sie lernte Trensen- und Kandarenzäume herzustellen und umzuändern. Auch das Polstern von Sätteln und Neuanfertigungen wie Kappzäume standen auf dem Programm. Fachmännisches Nähen will erst einmal gelernt sein, zumal die Nähte an Sattel- und Zaumzeug ordentlich sein müssen.

Rundgenähte Arbeiten entpuppten sich als besonders mühsam und aufwendig. Dafür beherrscht Tina Andrießen diese diffizile Aufgabe, die doppelt so viel Einsatz wie eine einfache Naht erfordert, heute meisterlich. „Bei gut verarbeiteten rundgenähten Trensen darf keine Naht zu sehen sein, wie das bei minderwertiger Ware häufig der Fall ist", erklärt die Sattlermeisterin.

Die Meisterprüfung

Nach drei arbeitsintensiven Jahren nahte endlich der Tag der Meisterprüfung. Tina Andrießen wählte eine schwierige Aufgabe, um ihr Können unter Beweis zu stellen: Sie fertigte eine „Sellette", ein aufwendiges Kutschgeschirr, an und wurde für ihre Mühen mit der Note 2 und einer bestandenen Prüfung belohnt. „Ich war damit sehr zufrieden, zumal es sich erst um mein zweites oder drittes Kutschgeschirr handelte", freut sich die Ratingerin.

Auf- und Abpolstern ist der Arbeitsschwerpunkt

Die frischgebackene Sattlermeisterin hatte Glück und wurde gleich nach ihrer Prüfung in einem Reitsportfachgeschäft eingestellt. Inzwischen hat sie sich selbstständig gemacht.

Tipps für den Sattelkauf

Ob sie ein paar Tipps für den Kauf eines neuen Sattels habe? Aber klar doch:

TIPP

- *Ein seriöses Fachgeschäft schickt immer einen Anpasser raus, der mehrere Sättel zur Anprobe dabeihat. Dieser Service sollte im Kaufpreis inbegriffen sein.*
- *Niemals einen Sattel kaufen, der nicht auf dem eigenen Pferd lag.*
- *Zwischen dem Widerrist und der Unterkante des Vorderzwiesels (vordere Erhebung des Sattels) müssen bei angegurtetem Zustand zwei bis drei Finger breit Platz sein.*
- *Der Vorderzwiesel sollte zwei bis drei Finger tiefer als der Hinterzwiesel liegen.*
- *Der Schwerpunkt des Sattels sollte im hinteren Drittel der Sitzfläche liegen.*
- *Man sollte sich nicht darauf verlassen, dass ein Sattel schon irgendwie passt, wenn im vorderen Bereich genügend Platz ist. Meistens kommt es dann im hinteren Bereich zu Druckstellen.*
- *Der Wirbelsäulenkanal darf nicht zu eng sein, weil das Reitergewicht ansonsten zu sehr die Wirbelsäule belastet. Der Sattel soll rechts und links von der Wirbelsäule aufliegen und nicht auf ihr ruhen.*
- *Die Polsterung des Sattels darf nicht zu hart sein, weil das Verspannungen provoziert.*
- *Der Sattel muss hinter dem Schulterblatt aufliegen und darf es nicht behindern.*
- *Reagiert das Pferd beim Putzen in der Sattellage empfindlich, kann das an einem schlecht sitzenden Sattel liegen.*

Jetzt muss das gute Stück wieder zusammengenäht werden.

Fertig! Die Sattlermeisterin versteht ihr Handwerk.

Wie man ein gutes Pferd findet

Augen auf beim Kauf!

Ein gutes Pferd zu kaufen kann ganz schön schwierig sein. Denn hier wird nicht selten belogen und betrogen. Vor solchen Machenschaften können sich Kunden nur schützen, indem sie sich an seriöse Stellen wenden. Das können Züchter, Zuchtverbände oder auch seriöse Pferdehändler sein. Wer allerdings Billigangebote aus nicht nachvollziehbaren Quellen bevorzugt, darf sich nicht wundern, wenn sich das vermeintliche Paradepferd nach dem Kauf als todkranker Problemfall entpuppt.

Ankaufsuntersuchung

Kommt ein Pferd in die engere Auswahl, ist auf jeden Fall der Rat eines Tierarztes einzuholen. Vor dem Kauf sollte eine Ankaufsuntersuchung durchgeführt werden. Hierzu einige Tipps:

- Der Käufer sollte den Tierarzt selbst aussuchen.
- Das Pferd darf vor der Untersuchung nicht bewegt werden, sondern sollte direkt aus dem Stall kommen.

Bei einer Ankaufsuntersuchung bewertet der Tierarzt den Allgemeinzustand des Pferdes. Pflege- und Ernährungszustand werden ebenso beurteilt wie Haut und Haarkleid, Verhalten, Puls- und Atemfrequenz, Temperatur, Lymphknoten, Augen, Nase, Maulhöhle, Gebiss, äußere Geschlechtsorgane und Kotkonsistenz. Das Abhören der Luftröhre, der Lunge und des Herzens gehören ebenso zu einer vollständigen Ankaufsuntersuchung wie das Betrachten und Abtasten der Gliedmaßen und Hufe. Außerdem wird der Bewegungsablauf des Pferdes analysiert. Schritt und Trab auf festem Boden und gegebenenfalls auch Beugeproben stehen an. Die Untersuchung des Atmungsapparates und des Kreislaufs erfolgen durch einen Belastungstest und eine abschließende Überprüfung der Puls- und Atemfrequenz in der anschließenden Ruhephase.

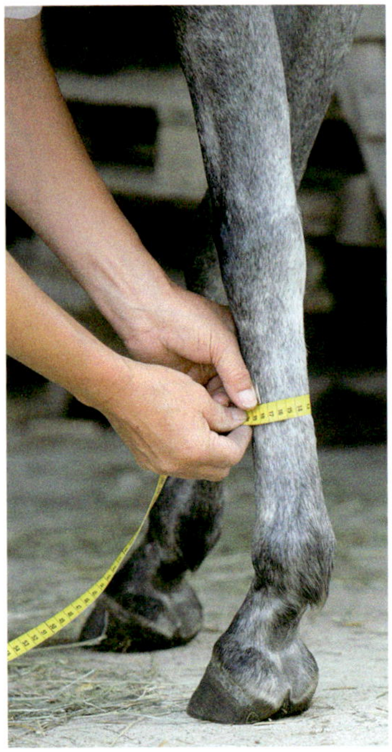

Eine gründliche Ankaufsuntersuchung ist wichtig.

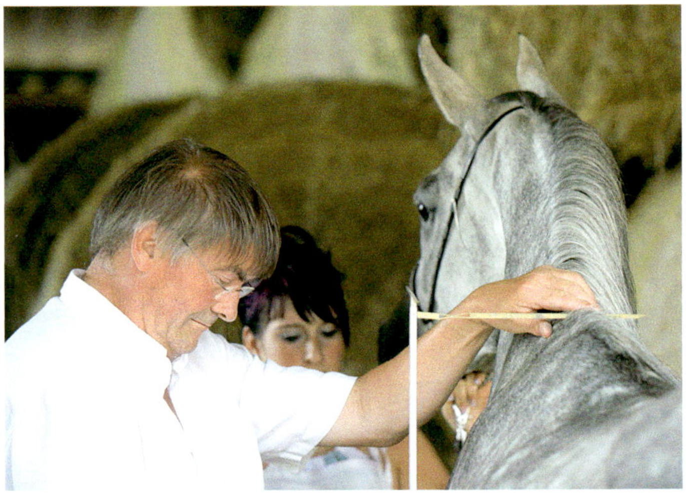

Auch das Stockmaß ist ein Kaufkriterium.

Röntgen-, Ultraschallaufnahmen, Erstellung eines Blutbilds und rektale (den Mastdarm betreffende) Untersuchungen sind Sonderleistungen, die nicht im durchschnittlichen Preis der Ankaufsuntersuchung (200 bis 250 Euro) enthalten sind.

Experten

Es ist nicht einfach, als Laie ein gutes Pferd zu finden. Wie geht man mit dieser schwierigen Situation um? Am besten, indem man sich genau über die Herkunft des Pferdes und seines Verkäufers informiert. Zwar ist längst nicht jeder Zuchtverband ein Garant für rundum gesunde Pferde, und auch nicht jeder langjährige Züchter muss automatisch auch ein guter sein, aber es gibt dennoch Ansprechpartner, die für Seriosität und kontrollierte Pferdezucht stehen.

Diese beiden sind ein tolles Team.

Die Deutsche Reiterliche Vereinigung e. V. (FN) steht als Dachverband für mehr als 7.000 Reit- und Fahrvereine, insgesamt sind 760.000 Mitglieder in der FN organisiert. Hier findet man beispielsweise kompetente Ansprechpartner für Trakehner (Verband der Züchter und Freunde des Ostpreußischen Warmblutpferdes Trakehner Abstammung e. V.), Friesen (Friesenpferde-Zuchtverband e. V.), Ponys (Verband der Pony- und Kleinpferdezüchter Hannover e. V., Verband der Ponyzüchter Hessen e. V. etc.) und viele weitere Rassen.
Auch Westernreiter können relativ einfach seriöse Adressen für den Kauf von Quarter Horses oder Paint Horses ausfindig machen. Hier gibt es nicht nur die von der FN anerkannte Erste Westernreiterunion Deutschland e. V., sondern auch die Deutsche Quarter Horse Association und den Paint Horse Club Germany.
Ganz gleich, für welche Pferderasse man sich interessiert – es ist immer sinnvoll, sich zuerst bei dem zuständigen Zuchtverband zu informieren. Dort gibt es in der Regel auch eine Liste mit Züchteradressen, die es ermöglicht, sich verschiedene Gestüte anzusehen und unterschiedliche Meinungen anzuhören.

Equidenpass

Seit dem 1. Juli 2000 muss jedes Pferd einen Equidenpass haben. Zumindest in Europa. Equidenpässe werden von der Deutschen Reiterlichen Vereinigung (FN) und den Zucht- und Reiterverbänden ausgestellt. In dem Pass finden sich Angaben zum Pferd und über tierärztliche Behandlungen. Der Pass muss bei jedem Transport des Pferdes mitgeführt werden.

Pferdekaufrecht

Das neue Pferdekaufrecht besagt, dass ein Käufer ein Pferd bis zu zwei Jahre nach dem Erwerb an den Verkäufer zurückgeben kann, wenn es nachweislich Mängel aufweist, die schon zum Zeitpunkt des Verkaufs bestanden. Dieser Nachweis ist allerdings nicht immer leicht zu führen.

Verhalten und Rittigkeit

Was der Tierarzt nicht immer beurteilen kann, ist das Verhalten und die Rittigkeit des Pferdes. So kann es beispielsweise vorkommen, dass ein Pferd gewisse Verhaltensstörungen zeigt, wenn es sich unbeobachtet fühlt. Umso mehr Zeit man hat, um ein Pferd in aller Ruhe zu beobachten, desto besser. Wie verhält es sich in der Box? Wie verhält es sich beim Freilauf auf dem Platz? Vielleicht besteht sogar die Möglichkeit, das Sozialverhalten des Pferdes in der Herde zu beobachten. Wer möchte sich schon einen ausgemachten Schläger einkaufen, der im neuen Stall gleich in Isolationshaft kommt.
Ganz wichtig ist es auch, das Pferd Probe zu reiten. Im Idealfall in der Reithalle, auf dem Außenplatz und im Gelände. Nur so kannst du sicherstellen, dass du mit diesem Pferd auch glücklich wirst.

Das Pferd sollte dir sofort gefallen.

Sie sieht aus wie eine Prinzessin aus Tausendundeiner Nacht. Mona Abouras lächelt mit strahlend weißen Zähnen. Ihre langen Haare werden von einem dunkelblauen Schleier bedeckt. Nun lehnt sie sich im meisterhaft bestickten Sattel nach vorne und schnalzt ihrem Arabischen Vollbluthengst Nigman Ibn Emad leise in die Ohren. Schon fliegt der bildschöne Fuchs im Galopp dahin, und seine Reiterin vergisst, dass sie sich nicht im heimischen Nildelta, sondern in Deutschland befindet. Ihr Vater hatte ihr einst versprochen, ein „schönes Stück Ägypten" nach Europa zu bringen – und er hielt Wort.

Zauberhaft

Ein schönes Stück Ägypten

Eigentlich sind die drei ägyptisch gezogenen Vollblutaraber der Ratinger Familie Abouras ein Gemeinschaftsprojekt. Nicht nur Mona, sondern auch ihre Mutter Jutta Stumfoll-Abouras und Bruder Karim bekennen sich zu ihrer Leidenschaft: der Arabitis.
„Einmal Araber, immer Araber", beteuert Jutta Stumfoll-Abouras mit ihrem charmanten Wiener Akzent. Für die Apothekerin, die mit einem Ägypter verheiratet war, verkörpern die edlen Pferde Lebensfreude und sind eine ideale Möglichkeit, sich vom stressigen Berufsalltag zu erholen: „Unsere Pferde sind für mich Entspannung pur." Wen verwundert es da, dass ihre beiden Kinder Mona und Karim ihre Araber ebenfalls nicht einen Tag lang missen wollen. Dabei entflammte die Leidenschaft für arabische Pferde und arabische Lebenskultur eher per Zufall. Und das nicht einmal in Deutschland, sondern in Österreich:

Der Beginn einer ägyptischen Leidenschaft

Die Liebe zu Ägypten und allem, was damit zu tun hat, begann bei einem Tanzfest der Wiener Universität, wo Jutta Stumfoll-Abouras ihren zukünftigen Mann Atef kennenlernte, der ebenfalls Pharmazie studierte. Nach einer traditionellen Hochzeit in Desuk, im ägyptischen Nildelta zwischen Kairo und Alexandria, zog es beide wieder nach Europa, allerdings wollte man auf Dauer nicht ganz auf ägyptisches Flair verzichten.
„Ich bringe euch ein schönes Stück Ägypten", versprach Atef seiner Familie viele Jahre später. Er reiste in seine Heimat und kehrte mit dem Arabischen Vollbluthengst

Ramadan zurück. „Bald darauf flog ich mit nach Ägypten, um unsere Schimmelstute Rahhala zu holen", erinnert sich Mona, die damals 15 Jahre alt war. Ein ägyptischer Verwandter hatte die wertvolle Stute ausgesucht. Sie stammt aus dem Staatsgestüt El Zahara, dem ehemaligen „Blumengestüt" König Farouks. Rahhala war noch vor der Reise vom berühmten Hengst Emad gedeckt worden.

Warten, warten, warten ...

Edelste Blutlinien waren die Voraussetzung, um eine Importerlaubnis für Deutschland zu bekommen. „Der Verband der Züchter und Freunde des Arabischen Pferdes (VZAP) musste Rahhalas Papiere überprüfen und bestätigen, dass dieses Pferd eine Bereicherung des in Deutschland stehenden Bestandes sei. Danach stellten wir einen Antrag beim Landwirtschaftsministerium, was fast drei Monate in Anspruch nahm", erinnert sich Jutta Stumfoll-Abouras. Dann ging die Warterei weiter, allerdings am Flughafen von Kairo, bis nach vier Tagen endlich das Okay für eine geeignete Frachtmaschine kam.

Bauernhof mit Luxus-Service

„Rahhala stand auf Warteposition in Desuk, dem Heimatdorf meines Vaters. Man hatte sie auf einem einfachen Bauernhof untergebracht, aber immerhin gab es einen Packesel, der extra dazu abbestellt war, Rahhala mit frischem Gras zu versorgen. Zwölf Stunden vor der Ausreise musste schließlich noch eine Untersuchung durchgeführt werden", erzählt Mona Abouras. Dann war es endlich so weit: Die Stute konnte gemeinsam mit einem zweiten Pferd in einen Container verladen und ins Flugzeug transportiert werden. „Ein Tierarzt hatte den Tieren Beruhigungsspritzen gegeben und mir erklärt, was ich während des Flugs im Falle einer Notsituation machen müsste. Er drückte mir ein Beruhigungsmittel für die Pferde in die Hand und verschwand", lacht die junge Frau.

Verplombte Pferdemähnen

Da saß sie nun, ganz alleine auf einen kleinen Sitz hinter dem Cockpit gequetscht, und beobachte zwischen meterhoch gestapelten Kisten hindurch die beiden dösenden Pferde. Stunden später landete die wertvolle Fracht in Amsterdam und wurde pflichtbewusst verplombt. „Sie haben richtig verstanden. Beide Pferde wurden – genau wie normalerweise Lkw-Ladetüren – verplombt, und zwar an den Mähnen", so Mona Abouras. Das sei aufgrund der in Deutschland vorgeschriebenen Quarantäne erforderlich gewesen. Diese Metallplomben müssen später vom Amtstierarzt abgeschnitten werden. „Zum Glück konnten wir die dreiwöchige Quarantäne bei einem Kuhbauern in Duisburg absolvieren. Da war sogar Platz, um die Stute jeden Tag herumzuführen", erzählt Mona Abouras.

Harte Umstellung

Das neue Leben in Deutschland kam für Rahhala einer harten Umstellung gleich. „Im Staatsgestüt hatte sie frei in einer großen Stutenherde gelebt. Boxen waren ihr völlig unbekannt. Rahhala mochte es anfangs überhaupt nicht, alleine in einer Box zu stehen, und versuchte immer, bei einem anderen Pferd unterzuschlüpfen. Auch die Ernährungsumstellung war massiv. In Ägypten hatte man sie im Sommer mit Barsim, einem Futterklee, und mit Gerste gefüttert, im Winter mit getrocknetem Klee. In Deutschland bekam sie nun Pellets und Heu, was sie aber – wie auch die 20 Grad Celsius Temperaturunterschied – gut verkraftet hat", berichtet Jutta Stumfoll-Abouras. „Ich werde nie vergessen, wie Rahhala zum ersten Mal über eine Wiese gelaufen ist. Sie trabte dahin und war sich gar nicht bewusst, dass man diesen schönen, weichen Untergrund auch fressen kann", lacht Mona, die ihre Araber gerne mit original arabischem Sattel und Zaumzeug reitet.

Register

Impressum

Alle Fotos von Gabriele Metz/Kosmos, Mülheim, www.gabriele-metz.de

Marc Alexander Heppner, Mülheim: S. 40, S. 45 (u.), S. 54 (u.), S. 67 (o. r.), S. 114 (o.), S. 115 (o.), S. 130

Umschlaggestaltung von eStudio Calamar unter Verwendung einer Fotografie von Horst Streitferdt/Kosmos, Böblingen

Die Bilder auf der Umschlagrückseite stammen von Gabriele Metz/ Kosmos, Mülheim

Illustration auf S. 86 von Cornelia Koller, Dierkshausen

Haftungsausschluss: Alle Angaben und Methoden in diesem Buch sind sorgfältig erwogen und geprüft. Sorgfalt bei der Umsetzung ist jedoch geboten. Der Verlag und die Autorin übernehmen keinerlei Haftung für Personen-, Sach- oder Vermögensschäden, die im Zusammenhang mit der Anwendung und Umsetzung entstehen könnten.

Unser gesamtes lieferbares Programm und viele weitere Informationen zu unseren Büchern, Spielen, Experimentierkästen, DVDs, Autoren und Aktivitäten finden Sie unter **www.kosmos.de**

Gedruckt auf chlorfrei gebleichtem Papier

ISBN 978-3-440-11008-9

Redaktion: Claudia Steinke, Birgit Bohnet
Layout: Walter Typografie & Grafik GmbH, Würzburg
Produktion: Angela List
Printed in Germany / Imprimé en Allemagne

Wundervolle Welt der Pferde

Angelika Schmid-Neuhaus
Das Kosmos-Buch vom Reiten
144 Seiten, 300 Abbildungen
€/D 14,95; €/A 15,40; sFr 27,90
ISBN 978-3-440-09574-4

- Sind Pferde für dich das Größte? In diesem Buch findest du alles, was du wissen musst, um ein guter Reiter zu werden! Schritt-für-Schritt-Fotos zeigen genau, wie es geht. Und am Ende jedes Kapitels kannst du mit einem Test herausfinden, was du schon weißt.

Judith Kern
Ich lerne Reiten
48 Seiten, über 100 Farbfotos
€/D 9,95; €/A 10,30; sFr 19,10
ISBN 978-3-440-10389-0

- Von der Ausrüstung über richtige Pferdepflege bis hin zur ersten Reitstunde – tauche ein in die Welt des Reitens!

Sini Säppälä van Hala/Pauli van Hala
Ein Fohlen wird groß
32 Seiten, viele Fotos
€/D 9,95; €/A 10,30; sFr 19,10
ISBN 978-3-440-10855-0

- Die Geschichte des kleinen Fohlen Somnus – von der Geburt bis zu ersten Freundschaften. Mit vielen Tipps zur Pflege von Fohlen.

Das große Posterbuch
Dream Horses
64 Seiten, 30 großformatige Poster
€/D 7,95; €/A 8,20; sFr 15,30
ISBN 978-3-440-11005-8

- 30 romantische und fantastische Poster, die zum Träumen einladen – mit Pferden und Einhörnern.

KOSMOS

Preisänderung vorbehalten

www.kosmos.de